Franz Kamphaus

Briefe
an junge Menschen

W0073427

Herder
Freiburg · Basel · Wien

Quellennachweis S. 13 Helder Camara, Wenn dein Boot. Aus: Helder Camara, Mach aus mir einen Regenbogen, Pendo Verlag, Zürich 1981. — S. 27 Paul Roth, Ja und Nein. Rechte beim Autor. — S. 34 Christa Peikert-Flaspöhler, Versprechen. Rechte bei der Autorin. — S. 39 Hilde Domin, Sei unbequem. Aus: Hilde Domin, Von der Natur nicht vorgesehen. Autobiographisches, R. Piper & Co. Verlag, München 1974 (Serie Piper). — S. 40 Günter Eich, Nein, schlaft nicht. Aus: Gesammelte Werke, Band 1, Die Gedichte, Suhrkamp Verlag, Frankfurt a. M. 1973. — S. 53 Lothar Zenetti, Inkonsequent. Aus: Lothar Zenetti, Texte der Zuversicht, Verlag Pfeiffer, München 1972. — S. 58 Kurt Marti, Das leere Grab. Aus: Kurt Marti, geduld und revolte. die gedichte am rand, Radius-Verlag, Stuttgart ²1984. — S. 63 Hubert Röser, Inzwischen angepaßt. Aus: Das Brot ist der Himmel. Geschichten, Gebete, Meditationen aus „schalom". Hrsg. von Uwe Seidel und Diethard Zils, Patmos-Verlag, Düsseldorf 1985. — S. 64/65 Zehn kleine Christen. Aus: Hermann J. Coenen, Singen im Feuerofen. Jugendgottesdienste, Patmos-Verlag, Düsseldorf 1985. — S. 91 Aus den Dörfern. Aus: Du, unsere Befreiung. Lateinamerikanische Gebete. Hrsg. von Emil L. Stehle. Verlag Herder, Freiburg i. Br. 1986. — Mit freundlichem Dank für die erteilten Abdruckerlaubnisse. Bei einigen Texten ließ sich die Quelle nicht ermitteln.

Bildnachweis Adveniat, Essen: S. 91. — dpa Stuttgart: S. 45. — Herder-Bildarchiv: S. 21. — Wolf Huber, München: S. 14/15, 46/47. — KNA-Bild, Frankfurt a.M.: 8, 26, 41, 52/53, 59, 71, 73, 76/77. — Christa Petri, Regensburg: S. 35. — Radtke/present, Essen: S. 51. — Manfred Vollmer, Essen: S. 95. — Michael Wittekind, Kelkheim: Umschlag Vorder- und Rückseite.

Dritte Auflage

© Verlag Herder Freiburg im Breisgau 1988
Satz: F. X. Stückle, Ettenheim
Druck und Einband: Freiburger Graphische Betriebe 1988
ISBN 3-451-21335-4

Inhalt

Steckbrief und noch mehr

Hallo . . .

Lange schon habe ich überlegt und mich dann kurz entschlossen, Euch zu schreiben. Da sitze ich nun zu Hause am Schreibtisch vor dem leeren Blatt und merke, daß das gar nicht so leicht ist. Die Fragen beginnen schon beim ersten Wort: Wie soll ich Euch anreden?: „Liebe Mädchen und Jungen?" Das riecht nach Schule. – „Liebe Freundinnen und Freunde?" Das würde ich schon gern sagen, aber so gut kennen wir uns ja noch gar nicht.

Nun kommt gleich die nächste Frage: Ich weiß nicht, wer diesen Brief in die Hand bekommt und liest. Bist Du 16? Sind Sie 20? Ich kann und will nicht verhehlen, daß ich schon 55 bin (man sieht's an den Haaren, die nicht mehr da sind). Darf ich „Du" sagen, oder muß ich „Sie" sagen? Ich habe etliche von Euch gefragt. Die Antwort war einhellig: Sagen Sie „Du". Also dann mit „Du" zur Sache . . .
Dabei mache ich mir nichts vor: ich gehöre zu einer anderen Generation. Finde ich die Sprache, die Ihr versteht: Ich spreche, wie mir der Schnabel ge-

4

wachsen ist; ich versuche erst gar nicht, so zu tun, als wäre ich 25.

Beim Schreiben jetzt habe ich vor allem die von Euch vor Augen, die von der Kirche noch etwas erwarten, die ihr noch eine Chance geben, die sich in der kirchlichen Jugendarbeit engagieren. Ich weiß, daß Ihr oft genug angegriffen und belächelt werdet und manche Enttäuschung erlebt, auch in der Kirche. Ihr seid nicht selten hin- und hergerissen zwischen Resignation und Hoffnung, habt vielleicht mehr Fragen als Antworten, findet in Eurer Pfarrgemeinde kein Echo. Ich bewundere Euch, daß Ihr trotzdem nicht aufgebt. Oft frage ich mich: „Was wäre wohl aus dir geworden, wenn du in der gegenwärtigen Situation aufgewachsen wärest?" Und dann danke ich Gott, daß es Euch gibt . . .

Ich bin die meiste Zeit im Bistum unterwegs, besuche die Pfarreien, spreche mit denen, die dort haupt- oder ehrenamtlich Verantwortung tragen. Oft komme ich mit Jugendlichen zusammen, vor allem mit denen von Euch, die gefirmt werden. Die erste Frage ist in der Regel: „Warum sind Sie Priester geworden? Wie ist Ihr Weg?" Dann erzähle ich gelegentlich von meinem Kreuz: Ein ganz einfaches Kreuz, aus Holz geschnitzt. Das Holz ist auf dem Bauernhof im Münsterland gewachsen, auf dem ich geboren bin. Vor gut 100 Jahren hat man aus dem Eichenstamm einen Türpfosten gemacht – am Kuhstall, dicht bei der Futterkrippe. Diesen Pfosten (er wurde vor Jahren bei einem Umbau ausgewechselt) habe ich mit nach Limburg genommen. Daraus ist das Kreuz geschnitzt, das ich trage. Und – ich denke mir das so – es ist auch das

Holz, aus dem ich geschnitzt bin. Ich habe den Glauben zu Hause ganz hautnah und unmittelbar erlebt, nicht nur sonntags, sondern auch alltags (im Kuhstall!). Ich habe (nicht zuletzt in der Nazizeit) erfahren, daß der Glaube unabhängig macht und frei, Widerstandskraft gibt gegen die selbsternannten Herrgötter. Ohne ihn wäre ich nicht, der ich bin und sein möchte. Er ist der Inhalt meines Lebens, und ich möchte meine ganze Lebenskraft dafür einsetzen, ihn anderen nahezubringen. Darum bin ich Priester geworden.

Das war in den Tagen, als Papst Johannes XXIII. das Konzil ankündigte. Er rief dazu auf, die Fenster im alten Gebäude der Kirche weit zu öffnen und frische Luft hereinzulassen – selbst auf die Gefahr hin, daß es zieht und manche kalte Füße bekommen (was inzwischen geschehen ist). Kirche im Aufbruch! Inzwischen ist der Weg mühsamer geworden. Erneuerung geschieht nicht im Handumdrehen – jeder kann's bei sich selbst erleben.

Von alldem möchte ich schreiben, möchte Euch sagen, was mir am Herzen liegt. Fragen gibt's ja genug. Ich weiß, daß der Gottesdienst für Euch oft eine Quelle der Langeweile ist. Ich weiß, daß Ihr häufig den Kopf schüttelt über das, was die Kirche zur Partnerschaft und Sexualität sagt. Ich ahne etwas von Eurer Suche nach Anerkennung und Geborgenheit. Was ist mit Gott, mit New Age und Okkultismus? Ich spüre auch Eure Sehnsucht nach dem Frieden und nach einer gerechten Welt, Eure Sorge um die Bewahrung der Schöpfung. Vieles, was heute geschieht, fordert Euren Widerspruch heraus, läßt Euch ungeduldig werden.

Wie kann ich auf all das eingehen? Wie soll ich darauf Antworten geben? Wichtige Fragen (etwa die Arbeitslosigkeit) habe ich nicht angesprochen; es wäre sonst zu viel (für Euch und für mich) geworden.

Was ich über Eure Arbeit in den Gruppen und vor allem in den katholischen Jugendverbänden höre und selbst mitbekomme, von Frühschichten und Gebetskreisen, von Initiativen für die „Eine Welt", von Schriftgesprächen oder auch von Bemühungen um den Schutz des Lebens und unserer Umwelt, das ist einfach gut. Für die Anstöße und für die Hoffnung, die Ihr damit Euren Gemeinden und mir gebt, danke ich Euch. Ich spüre aus alldem, daß Ihr das Leben sucht, das so unmittelbar zusammenhängt mit dem lebendigen Gott. Darum möchte ich mich mit Euch auf die Suche machen nach dem Leben.

Dein † Franz Kamphaus

Man muß im Leben
darauf achten,
wann für einen
das Stichwort fällt.

S. Kierkegaard

Sei bei uns, Herr, auf unserem Weg.
Geh mit uns Schritt für Schritt.

Mach unsere tauben Ohren auf.
Laß unsere blinden Augen sehen.
Gib den verzagten Herzen Mut.
Laß uns in Angst nicht untergehen.

Gib uns von deinem Heiligen Geist
den Geist der Eintracht und der Weisheit,
den Geist der Wahrheit und der Liebe,
damit nicht einer gegen den anderen kämpft.
Laß uns in deinem Geist Gemeinde werden
und weitersagen,
was uns im Glauben stärkt.

Laß uns dich finden in der Tischgemeinschaft.
Damit im Zeichen des gebrochenen Brotes
wir dich erkennen
als den einen Herrn,
der uns in Liebe auf dem Weg begleitet
und uns als Boten ausschickt in die Welt.

Wir bitten, bleibe bei uns, Herr,
jetzt und an jedem Tag,
Amen.

Wir haben einen Traum

Liebe Barbara

Manchmal, wenn sich alles bei mir zusammen-drängt: Terminkalender, Stapel von unbeant-worteten Briefen, Menschen, die mich sprechen wollen, Querelen bei Mitarbeitern und in Gemein-den, Predigtvorbereitung für die nächsten Tage . . ., dann träume ich mich auf eine Insel, vom Meer umgeben. Oft bin ich in Wangerooge ge-wesen, auch im Herbst und im Winter, wenn das Meer tobt und der Wind so scharf geht, daß man fast weggefegt wird. Du kennst das ja auch: über 20 Grad Kälte, tiefblauer Himmel, und die Möwen spielen schreiend im Wind . . .

Ich denke an das, was Bert Brecht von den Fischern der Lofoten (bei Norwegen) erzählt: Wenn die großen Stürme sich ankündigen, dann gibt es einige Fischer, die ihre Boote am Strand vertäuen und an Land gehen. Andere stechen ei-ligst in See. Eigenartig: Die Boote sind draußen sicherer als am Strand. Auch bei ganz schweren Stürmen sind sie auf hoher See durch die Kunst der Navigation zu retten; während sie schon bei

10

kleineren Stürmen am Strand von den Wogen zer-
schmettert werden.
Dazu gehört Mut: Trotz der Stürme aufs Meer hin-
auszufahren, nicht alles in (eine höchst fragwür-
dige) Sicherheit bringen zu wollen, sondern den
Aufbruch nach draußen zu wagen.
Ich bin kein Mensch, der das Risiko scheut. Ich
steche auch lieber in See, um das Schiff zu retten,
und ich erlebe manchen Sturm dabei. Aber hie und
da erwische ich mich doch, wie ich zögere, zu-
rückschrecke, wie ich Vertrautes, Altbewährtes
und Gesichertes suche und mich daran vertäuen
möchte.

Du und Deine Freunde, Ihr seid jetzt ganz im Aufbruch; „Sturm und Drang" sagen wir Älteren oft
etwas herablassend und allzu wissend. Du liegst
auf Deinem Bett, hörst Musik, von der ich nichts
verstehe, schreibst manchmal in Dein Tagebuch
und träumst von anderen Ländern, von einer
anderen Gesellschaft, vom Frieden und von der
Liebe, allemal von einer besseren Zukunft.
Ausgerechnet ein alter Römer – Seneca – schreibt,
was Du auch gesagt haben könntest (anders natürlich): „Der Grund, warum wir nichts wagen, ist
nicht der, daß die Dinge so schwierig sind, sondern
im Gegenteil, sie sind so schwierig, weil wir nichts
wagen."
Deine Mutter erzählte mir, daß Du kürzlich ge-
platzt bist, als es um die Jugend von heute ging
und Dein Vater meinte: „Früher war alles ganz
anders ..." Wir Erwachsenen haben oft unsere
Träume verloren. Die Erfahrungen mit dem Leben
haben uns schwer gemacht. Und wir lassen uns
dann leider nur allzuoft mehr von unseren schlech-

ten Erfahrungen leiten als von unseren guten
Hoffnungen und Erwartungen. Da ist uns der
Strand lieber als das offene Meer; da fühlen wir
uns sicherer. Wir bleiben in unseren vier Wänden
und bei unseren Prinzipien.

Du träumst von einem neuen Himmel und einer
neuen Erde (wie im letzten Buch der Bibel). Du
gibst Dich nicht mit dem Vorhandenen zufrieden.
Deine Träume sind lebenswichtig für Dich und für
uns alle.

Du bist unbequem, willst gar nicht ausgewogen
sein und ausgegoren, fix und fertig. Du willst zu
neuen Ufern aufbrechen, *Deine* Erfahrungen
machen und zeigen, daß es auch anders geht. Das
ist Dein gutes Recht: „Probieren geht über Stu-
dieren . . ." „Ein Lebemeister ist mehr wert als
tausend Lesemeister", sagt Meister Eckehart, ein
erfahrener Gottesmann.

Auf-bruch und Aus-bruch, dabei wird wohl auch
manches zu Bruch gehen. Das ist schmerzlich, für
Dich und Deine Eltern – aber notwendig und heil-
sam für alle, damit wir nicht erstarren in Eis,
Kälte, Beton und in dem, was immer schon war.

Ich stelle mir vor: Du bist die Möwe, die tut, was
mir oft schwerfällt (weil ich nicht „leicht" genug
bin): sich in den Wind werfen, Freiheit suchen, den
Himmel . . .

Manchmal, in einer ruhigen Stunde, frage ich
mich: Was erwartest du eigentlich noch? Ich merke, wie meine kleine Welt an den eigenen vier
Wänden endet und ich oft genug damit zufrieden
bin, wenn es dort so läuft, wie es halt eben läuft.
Ich frage mich: Ist das alles? Das kann doch nicht

alles sein! Das Beste liegt immer noch vor uns! Ich sehe die Bibel, ein Buch voller Hoffnungen, voller Erwartungen, meinen eigenen Erwartungen unendlich weit voraus, Erwartungen, die weit über meinen Kirchturm hinausgehen, die die ganze Welt betreffen. Wo Gottes Herrschaft gilt, da herrscht Gerechtigkeit für alle Menschen und Frieden auf Erden. Ich möchte diesen großen Erwartungen mehr recht geben in meinem Leben als manchen schlechten Erfahrungen. Dazu hilft mir das Gespräch mit Dir und Leuten Deines Alters. Ihr seid – Gott sei Dank – noch nicht so ausgewogen und „vernünftig". Ihr seid nicht abgeschreckt durch das, was kommt, Ihr erwartet noch etwas, nicht nur für euch, sondern für die Welt. Ich kenne junge Menschen wie Dich, deren Erwartung nicht in ihrer eigenen Welt aufgeht und verdunstet, die lieber mit großen Hoffnungen hungern und dürsten, als sich mit Banalitäten vollaufen und begraben zu lassen, die tatsächlich etwas von Jesus erwarten und daraufhin ihr Leben ändern. Das macht Mut. Ich freue mich, Dich bald zu sehen.

Dein † Franz Kamphaus

Wenn dein Boot, seit langem im Hafen vor Anker,
dir den Anschein einer Behausung erweckt,
wenn das Boot Wurzeln zu schlagen beginnt
in der Unbeweglichkeit des Kais:
Such das Weite.
Um jeden Preis müssen die reiselustige Seele deines Boots
und deine Pilgerseele bewahrt bleiben.

Helder Camara

Wut, mut und tränen
wünsche ich dir.
auf daß du's nie verlernst,
dich nach utopien zu sehnen,
das wünsche ich dir.

hoffnung und auch sehnsucht
sollen dich begleiten
auf deinem weg.
auf daß du nie die flinte
ins korn wirfst,
das wünsche ich dir.

ehrliche freunde sollen mit dir sein
in guten und schlechten tagen,
und daß ihr euch wärmt und tröstet,
lacht und weint,
und braucht nicht zu verzagen.

unrecht und macht
in falschen händen,
wenn du sie siehst,
laß sie nicht bestehen.
geh sie an mit deinen eigenen waffen,
dann kannst du weitersehen.

wut, dich gegen
alles längst verfaulte aufzulehnen,
mut zu träumen und dich
deiner träume wegen nie zu schämen,
tränen, die ein zeichen sind
für die kraft deines lebens,
ich wünsche dir auf deinem weg
wut, mut und tränen

Tobias Verch

Ein neues Zeitalter?

Liebe Barbara

Du bist auf die New-Age-Bewegung gestoßen. Fast habe ich Deinem Brief nach den Eindruck, Du hast sogar etwas Feuer gefangen. Nun denn: New Age – neues Zeitalter, Zeitenwende – das ist ein verheißungsvolles Signal. Die Frage ist, wohin es führt, wohin sich die Zeit wenden soll.

Es ist sehr schwer, die New-Age-Bewegung auf einen Nenner zu bringen. Immerhin: Es sammeln sich dort viele Zeitgenossen, die eine neue ganzheitliche Weltsicht und einen entsprechenden Lebensentwurf suchen – nicht mehr „dualistisch" getrennt zwischen Kopf und Herz, nicht mehr egoistisch im Zeichen von Macht und Gewalt, sondern ökologisch und vernetzt, nicht mehr patriarchalisch, sondern partnerschaftlich – und wie die Sehnsuchtsworte alle heißen.
Sie suchen nach einer neuen Spiritualität, naturbezogen und friedfertig, nicht mehr auf den Menschen oder gar den einzelnen allein festgelegt, sondern alle Natur und den ganzen Kosmos einbeziehend. Sie erleben diesen Aufbruch in ein

neues Zeitalter ganz religiös, und vielen von ihnen ist das Ganze der Welt und der eigenen Seele göttlich oder wie Gott selbst.

Es ist wichtig, die Sehnsucht und Not wahrzunehmen, die sich in dieser Bewegung ausspricht. Was mich dabei bedrängt, ist dies: Wie kommt es nur, daß Christentum und Kirche für so viele nicht mehr die Zukunftskraft zu haben scheinen, die in der Zeitenwende durch Jesus Christus begründet liegt. Keine Frage, die New-Age-Bewegung macht auf Schwachstellen im aufgeklärten neuzeitlichen Christentum und in der heutigen Kirche aufmerksam. Ist nicht bei uns vieles zu verkopft, zu nüchtern, zu bürokratisch, zu papieren, zu männlich?
Auch wenn wir das zugeben, wir brauchen uns mit unserer Christentumsgeschichte weiß Gott nicht zu verstecken und müssen das Gespräch mit den New-Age-Bewegten offensiv angehen. Was ich besonders fragwürdig finde, ist ihr völlig vages Reden von Gott und dem Göttlichen. Sie suchen sich in der Religionsgeschichte hie und da einige Elemente und kochen sie in einer Art Schnellküche zusammen zu einer wenig nahrhaften Suppe: ein bißchen Buddhismus, ein bißchen Hinduismus, ein bißchen Esoterik, etwas Anthroposophie, etwas Naturwissenschaft, neuerdings auch etwas christliche Mystik (vor allem von Teilhard de Chardin und Meister Eckehart). Diese Mixtur soll dann eine rundum heilsame Medizin für alle Nöte der Zeit sein. Mir kommt das, bei allem Respekt vor den Absichten und vor dem Engagement dieser Bewegung, doch sehr naiv vor.
Wir Christen jedenfalls glauben nicht an einen

17

Allerweltsgott, den man im Wald und auf der Heide ebenso fände wie im meditativ erwärmten Bauch oder in einer religiösen Kuschelecke, sondern an jenen Gott, der uns in der Geschichte Israels, in der Geschichte Jesu, in der Geschichte der Kirche und jedes Glaubenden persönlich entgegenkommt. Wir denken uns ihn nicht aus, wir meditieren uns ihn nicht an, wir projizieren ihn nicht auf die Leinwand unserer Sehnsüchte und Frustrationen, wir sehen und glauben ihn real uns gegenüber in Jesus von Nazaret und wirksam unter den Menschen seines Geistes. Deshalb sagt schon die Bibel, dieser Gott ist Liebe, ja Feindesliebe. Er nimmt jeden Menschen an, auch den letzten und ärmsten und schenkt ihm eine unzerstörbare Würde. Liebe setzt eben Personalität voraus und stiftet sie. Deshalb scheint mir die Rede von dem „Göttlichen" so blutleer und letztlich auch nichtssagend.

Allerdings: Wir Christen müssen aufpassen, daß wir uns nicht unseren Gott nach dem Maßstab unserer eigenen Person vorstellen und in unser Fassungsvermögen gleichsam einzwängen. Er ist ganz Person und ist doch weit mehr, er ist unser wirkliches Gegenüber von Angesicht zu Angesicht (so daß wir zu ihm beten können), er ist aber auch das namenlose Geheimnis des Kosmos und jedes Menschen. Schön sagt unser Papst in seiner Enzyklika über den Heiligen Geist: Gott ist in seinem Heiligen Geist in unserer Welt, er ist uns innerlicher als wir uns selber sind.

Sehr entschieden möchte ich den New-Age-Vorstellungen in einem weiteren Punkt widersprechen. Man sagt, das neue Zeitalter im Zeichen des Wassermanns sei im Kommen. Es soll wie von selbst Glück und Harmonie bringen; wir brauchen uns ihm nur wie einem Schicksal zu überlassen. – Ob das so einfach ist? Es ist nicht damit getan, daß wir uns in den großen Weltenklang einschwingen und im übrigen abwarten, was kommt. Der christliche Glaube will den Menschen von innen her verändern, er will aber auch die äußeren Verhältnisse in der Welt ändern. Wer Gott allein als seinen Herrn bekennt, der widersagt allen anderen Herrgöttern und selbsternannten Heilbringern, er widersteht allen irdischen Instanzen, die sich absolut setzen (ob Politik oder Militär, ob Sexualität oder Wirtschaft und was immer). Der Glaube befreit zum Dienst in dieser Welt, er hat eindeutig politische Konsequenzen. Weil Gott allein Gott ist, ist nichts in dieser Welt göttlich im Sinne einer Letztinstanz. Hier werden in der New-Age-Bewegung auf gefährliche Weise die Spuren verwischt, und schon sehe ich wieder die uralte Gefahr am Horizont, daß selbsternannte Führer und Verführer verabsolutiert und vergöttlicht werden.

Liebe Barbara, bedenke, worauf die New-Age-Bewegung hinausläuft. Ich will die Sehnsucht nach Ganzwerdung, nach Transzendenz, nach letztem Sinn um Gottes willen nicht madig machen. Hier sollten wir hellhörig sein, und deshalb finde ich es gut, daß Du mit Deiner Gruppe solche Fragen diskutierst. Hoffentlich entdeckt Ihr dabei, welchen „Schatz im Acker" wir Christen haben. Wir sind so kühn zu glauben, daß wir mit Jesus Christus und seinem Evangelium eine Wahrheit haben finden dürfen, für die es in dieser Welt keine Alternative gibt. Wir brauchen uns nicht zu verstecken. Die Frage ist nur – eine Frage auch an Dich und mich –, ob wir den Reichtum unseres Glaubens wirklich schon kennen – und ob wir ihn leben.

Hoffentlich sehen wir uns bald.

Dein † Franz Kamphaus

Ich glaube an Gott,
den Vater, den Allmächtigen,
den Schöpfer des Himmels und der Erde,
und an Jesus Christus,
seinen eingeborenen Sohn,
unsern Herrn,
empfangen durch den Heiligen Geist,
geboren von der Jungfrau Maria,
gelitten unter Pontius Pilatus,
gekreuzigt, gestorben und begraben,
hinabgestiegen in das Reich des Todes,
am dritten Tage auferstanden
von den Toten,
aufgefahren in den Himmel;
er sitzt zur Rechten Gottes,
des allmächtigen Vaters;
von dort wird er kommen,
zu richten die Lebenden
und die Toten.
Ich glaube an den Heiligen Geist,
die heilige katholische Kirche,
Gemeinschaft der Heiligen,
Vergebung der Sünden,
Auferstehung der Toten
und das ewige Leben.
Amen.

Selbstverwirklichung

Lieber Michael

Erinnerst Du Dich noch an den Abend, als wir in Eurer Gruppe zusammensaßen? Peter hatte die Idee: „Angenommen, Du wärest für Monate auf einer Insel; was würdest Du am ehesten mitnehmen?" Das war ein aufregendes Gespräch. Dieser Abend fiel mir ein, als ich die Karte von Deinem Griechenland-Trip bekam: „Endlich allein, kein Mensch, nur ich mit mir. Und manchmal schaue ich stundenlang ins klare Wasser, sehe mein Spiegelbild und denke über mich nach . . ." Wie lange hast Du das ausgehalten mit Dir allein?
Versteh mich richtig: Ich bin auch gern allein, brauche Zeit für mich (und finde sie oft zu wenig). Wer nicht zu sich selbst kommt, wird auch nicht zum anderen finden. Und wer sich selbst nicht riechen kann, stinkt auch anderen! Das weiß ich aus Erfahrung. Es ist gar nicht so leicht, „in sich" zu gehen und „zu sich" zu kommen. Allein wird's kaum gelingen. Darum würde ich auf „meine" Insel zuallererst einen Menschen mitnehmen. Vielleicht überrascht Dich das. Müßte ich als Eheloser nicht gerade das Alleinsein suchen? Müßte ich als

Bischof nicht zuerst nach der Bibel greifen? Vielleicht denkst Du an die großen Frauen und Männer, die als Einsiedler für Gott gelebt haben. Das kann ein Weg sein. Einfach ist er nicht. Allemal muß man zu sich selbst kommen. Das gelingt nicht, wenn man nur in den eigenen Spiegel schaut. Er wiederholt nur (wie ein Papagei), er gibt keine Antwort: auf Dein Lachen antwortet er mit Deinem Lachen, auf Dein Weinen mit Deinen Tränen und auf das Fragezeichen in Deinen Augen mit eben dieser Frage.

Wie komme ich zu mir selbst? Diese Frage kannst Du nicht allein mit Dir selbst beantworten. Wer bei sich stehenbleibt, kommt nicht weit. Die Reaktion eines Menschen, der auf Dich eingeht, von dem Du Dich angenommen weißt, sagt Dir mehr über Dich als Dein bloßes Spiegelbild. Sicher, jeder muß *seinen* Weg finden und gehen; und doch kann das keiner allein, ohne sich zu verkrampfen und zu überfordern. Er braucht kundige Gefährten, die ihm helfen, daß er sich im eigenen Haus nicht verirrt oder über Nacht abhaut. Bisweilen kennen wir die Tür zu uns selbst nicht mehr oder finden den Schlüssel nicht. Wir sind einfach auf andere angewiesen, um zu uns selbst zu kommen und unser Haus durchwandern und bewohnen zu können, von unten bis oben . . .

Der kleine Prinz (Antoine de Saint-Exupéry) erzählt: „Als ich jung war, wohnte ich in einem alten Haus, und die Sage erzählte, daß darin ein Schatz versteckt sei. Gewiß, es hat ihn nie jemand zu entdecken vermocht, vielleicht hat nie jemand gesucht. Aber er verzauberte dieses ganze Haus. Mein Haus barg ein Geheimnis auf dem Grund seines Herzens . . . Was seine Schönheit ausmacht, ist unsichtbar!" – Jeder Mensch ist „Geheimnisträger". In der Tiefe unseres Wesens wohnt Gott. Er wartet darauf, daß er entdeckt wird. Das ist unsere Berufung, daß *Er* durchkommt, durch unser Leben. Wer kann ein größeres Selbstbewußtsein gewinnen als der, der glauben darf, von Gott höchstpersönlich gewollt und geliebt zu sein. Durch ihn sind wir ermutigt, unsere Möglichkeiten zur Entfaltung zu bringen und unser eigenes sterbliches Leben in Freiheit zu gestalten. Gott bürgt dafür, daß jeder von uns ein Original ist. Das ist unsere Freiheit von Gottes Gnaden!

Wenn ich mir jetzt diesen Brief noch einmal durchlese, dann höre ich schon Deine Frage: „Meinen Sie das alles wirklich ernst als Bischof einer Kirche, in der sich junge Leute wie ich oft genug mehr gedeckelt fühlen als ermutigt, ihr Leben original und selbstbewußt zu leben?" Ich weiß wohl, daß es gerade dann Ärger gibt, wenn Du versuchst, Deine Ideen zu verwirklichen, Partei zu ergreifen, jung und frei zu sein. Trotzdem: Vertritt Deinen Standpunkt, aber höre auch, was Dir erwidert wird. Spannungen bleiben nicht aus, das ist gerade das „Spannende".

Der Weg zu Dir selbst ist die Liebe. Sie ist der Weg zur Freiheit. Unsere Sprache weiß noch etwas von diesem Zusammenhang. Sie kennt nicht nur das Hauptwort „Freiheit" und das Adjektiv „frei", sondern auch das Tätigkeitswort „freien". Wir freien uns, indem wir einander lieben, also Beziehungen aufnehmen und Bindungen eingehen. Zu solcher Freiheit befreit uns Gott. Sie ist mit jener

Art von Selbstverwirklichung unvereinbar, die ausschließlich die eigenen Interessen im Sinn hat und schließlich im Spiegelsaal des eigenen Ich nur mehr sich selbst begegnet. Viele haben das heute auf ihre Fahnen geschrieben. Sie wollen möglichst viel „kriegen". Was dabei herauskommt?: Kleinkriege am laufenden Band, Willkür auf Kosten anderer. Das ist spießbürgerlich (man kann auch sagen „kapitalistisch") und kleinkariert. Wenn wir uns im Namen Gottes selbstverwirklichen, dann werden wir zunehmend mehr Energie für andere freisetzen, buchstäblich ausstrahlen, die Sehnsucht der anderen und ihre Not erspüren. Und wir werden uns selbst annehmen können, wie wir sind.

Man kann seine Falten und Pickel überschminken und sich beim Blick in den Spiegel als künstliche Retortenschönheit bewundern. Aber ist das ehrlich? Wenn wir uns im anderen Menschen und in Gott spiegeln, bleiben unsere Macken nicht verborgen. Sie gehören zu uns, und ohne sie werden wir nicht zu uns selbst finden.

Sei herzlich gegrüßt,

P.S.:
Hättest Du nicht gelegentlich Lust, von Deiner griechischen Insel Abschied zu nehmen und Deinen Weg in die kälteren Gewässer unserer Gesellschaft zu lenken? Hier gibt es Leute, die Dich brauchen . . .

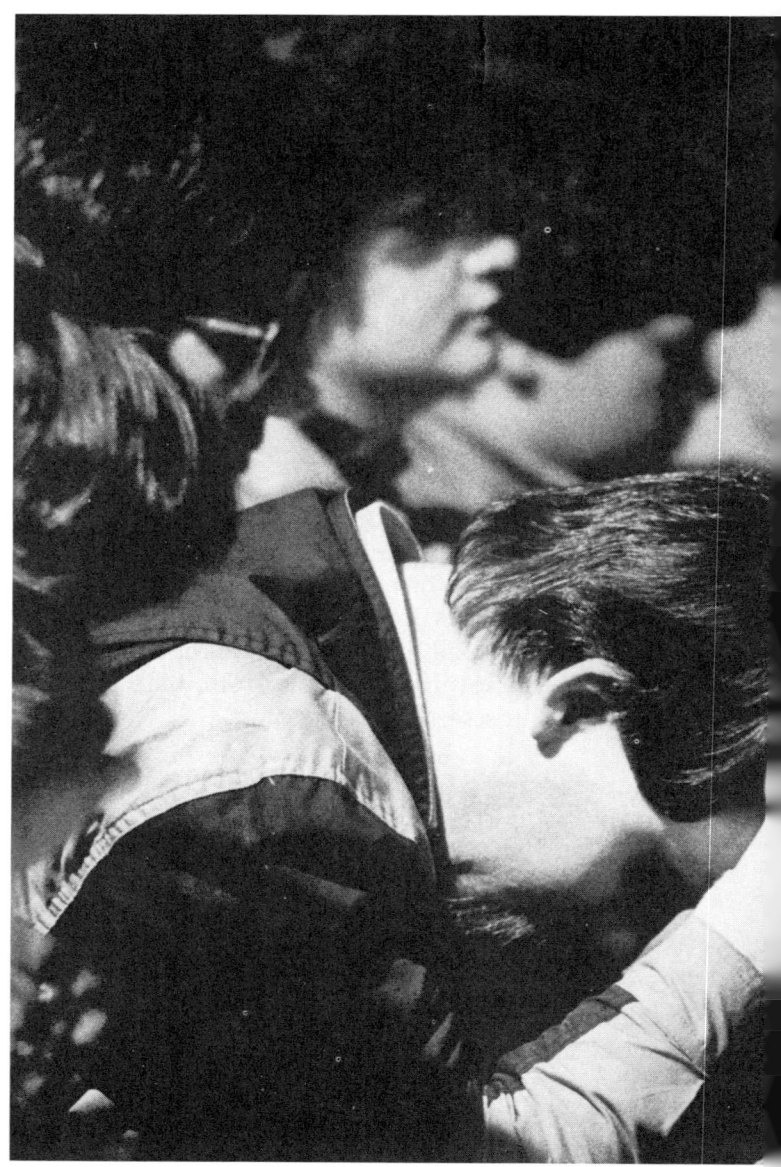

Ja oder Nein

Du kannst dir nicht
ein Leben lang
die Türen alle offen halten,
um keine Chance zu verpassen.

Auch wer durch keine Türe geht
und keinen Schritt nach vorne tut,
dem fallen Jahr für Jahr
die Türen eine nach der anderen zu.

Wer selber leben will,
der muß entscheiden:
Ja oder Nein —
im Großen und im Kleinen.

Wer sich entscheidet, wertet, wählt,
und das bedeutet auch: Verzicht.
Denn jede Tür, durch die er geht,
verschließt ihm viele andere.

Man darf nicht mogeln
und so tun,
als könne man beweisen,
was hinter jener Tür geschehen wird.

Ein jedes Ja
— auch überdacht, geprüft —
ist zugleich Wagnis
und verlangt ein Ziel.

Das aber ist die erste aller Fragen:
Wie heißt das Ziel,
an dem ich messe Ja und Nein?
Und: Wofür will ich leben?

P. Roth

Verliebt – verlobt – verheiratet

Lieber Michael

Bei unserem letzten Gespräch in Deiner Gruppe hast Du Dich energisch dagegen verwahrt, daß jemand von außen in eine „Beziehung" hineinredet. „Das ist allein meine Sache, das geht niemanden etwas an", betontest Du mehrmals, „schon gar nicht die Kirche." Noch empörter hast Du reagiert, als andere in der Runde auf den Vorwurf zu sprechen kamen, in Eurer Generation denke jede und jeder nur an sich selbst; man wechsele nach Belieben die Partnerin oder den Partner und sei zu dauerhafter Liebe und Bindung nicht fähig. Da widersprachst Du heftig und holtest gleich zum Gegenschlag aus: „So viele kaputte Ehen machen die Ehe auch nicht gerade erstrebenswert."

Über beides möchte ich mit Dir nachdenken und hoffe, daß wir darüber im Gespräch bleiben. Ich frage mich oft, was in Euch vorgeht und weshalb sich viele von Euch in bezug auf Liebe und Ehe anders verhalten als früher. Vorweg möchte ich Dir sagen (damit einige Mißverständnisse gar nicht

erst aufkommen): Wenn sich zwei Menschen mö-
gen, wenn sie sich lieben, ist das ihre persönliche
Entscheidung. Die kann ihnen niemand abneh-
men. Das gilt auch und gerade für die Ehe. Wir
spotten, wenn jemand „verheiratet wird". Ebenso
bin ich überzeugt – und das läßt sich auch vielfach
belegen –, daß sich die meisten von Euch nicht nur
nach einer stabilen Beziehung und dauerhaften
Bindung sehnen, sondern daß sie auch mit ihrem
Partner so lange wie möglich zusammenbleiben
möchten.

Also liegen unsere Auffassungen gar nicht so weit
auseinander? Warten wir's ab. Ich habe den Ver-
dacht (und bin gespannt auf Deine Reaktion), mit
Deinem „das ist allein meine Sache, das entscheiden allein wir beide ganz frei" täuschst Du Dich.
Das wird, fürchte ich, zwangsläufig zur Ent-Täu-
schung führen. Die Begründung?

Entschuldige, wenn ich etwas aushole. Das kon-
krete Bild von Ehe und Familie, das wir vor
Augen haben, ist nicht älter als anderthalb Jahrhunderte. Erst mit der Industrialisierung wurden
Arbeitsstätte und Wohnung für die meisten getrennt, wurden Ehe und Familienleben „privati-
siert", hinter die eigenen vier Wände verwiesen.
Da konnten sich nun die persönlichen Beziehungen zwischen den Ehepartnern wie zwischen Eltern und Kindern viel freier entfalten als vorher.
Wo es mit diesen Beziehungen „nicht klappte",
wuchs allerdings auch der Leidensdruck. Mit
wachsendem Wohlstand, mit der zunehmenden
Berufstätigkeit der Frauen und ihrer größeren
wirtschaftlichen Unabhängigkeit, mit dem Wissen

um die Empfängnisregelung ist es dann heute in vieler Hinsicht „risikolos" geworden, einfach zusammenzuleben.

Das findest Du gut. Du sagst: „Das ist reine Privatsache, da hat niemand reinzureden." Ob Du und Deine Altersgenossen sich da nicht täuschen? Viele verschiedene Stimmen dringen an Euer Ohr, die schmeichelnd, überredend oder fordernd Euch sagen wollen, wie Ihr Euer Leben gestalten sollt. Die Öffentlichkeit redet Euch da kräftig rein. Was bleibt da schließlich noch von der „freien Entscheidung"? Es gibt heute gefährliche „Sog-Wirkungen" – wie beim Schwimmen im Meer, wenn die Ebbe einsetzt. Das kann einem das Leben kosten.

Unter dem Druck der rauhen Wirklichkeit gewinnt für Euch eine feste Partnerbeziehung an Gewicht. Intensive Gefühle füreinander werden für viele zum einzig sicheren Halt, zum Nest, in das man aus der kalten, harten Welt flüchtet. Entsprechend groß ist die Angst, den Partner oder die Partnerin zu verlieren. Die Zweierbeziehung muß den ganzen Druck der Verhältnisse aushalten – und ist damit völlig überfordert. Sie steht ja nicht selten auf wackeligen Beinen.

Auch da kann man sich täuschen. Keine Frage: Die Liebe zwischen Mann und Frau erwächst aus elementaren Gefühlen, sie drückt sich in Zuneigung, Wohlwollen, Zärtlichkeit aus. Nun gehört es sicher zur Wahrhaftigkeit Deiner Generation, eine Beziehung an solche Gefühle zu binden. Aber die Erfahrung lehrt auch: Wer sie nur darauf gründet, setzt sie zugleich allen Schwankungen der Gefühle, allen Stimmungen aus („himmelhochjauchzend

– zu Tode betrübt"); die schlagen voll durch. Dein Anspruch: „Das ist meine Sache, da entscheiden wir uns ganz frei . . ." bewegt sich also (das wollte ich Dir sagen) auf sehr unsicherem Boden. Und was beim reinen „feeling" schließlich herauskommt, kann leicht sehr angepaßt und spießbürgerlich sein. – Laß Dir aus der Erfahrung früherer Generationen sagen, was in Deiner Generation zu wenig beachtet wird: Neben dem Gefühl sind Verstand und Wille für eine Beziehung so wichtig, daß Du nicht zu sparsam davon Gebrauch machen solltest. Liebe darf Dich nicht blind, sie sollte Dich sehend und nachdenklich machen. Und aus einem entschiedenen Willen ergeben sich lebenswichtige Werte wie Treue und Zuverlässigkeit. Beziehungen, die sich von Parolen wie „Tun, was mir Spaß macht", „Erfüllung meiner Bedürfnisse" leiten lassen, gehen unter dem Verbrauch von Gefühlen sehr schnell in die Brüche. Übrigens spürt man gerade in Krisen, wie gut es ist, wenn man durch andere – auch durch Institutionen – Stützung erfährt, es also gerade nicht bei der „reinen Privatsache" bleibt.

Wie ich mir Partnerschaft denke? Ich kann das hier nur in kurzen Umrissen sagen und hoffe auf Deine Beteiligung durch kritische Antworten. In der Erzählung „Der kleine Prinz" von Saint-Exupéry sagt der schlaue Fuchs dem kleinen Prinzen das Geheimnis der Freundschaft: „Man sieht nur mit dem Herzen gut. Das Wesentliche ist für die Augen unsichtbar." Herz – das ist von alters her ein Bild für das Innerste des Menschen, für die Mitte, aus der alle Gedanken und Gefühle und Taten hervorgehen. Das Geheimnis des Fuchses will besagen:

„Ich liebe dich" heißt alles zusammen: „Ich mag dich, ich bin gern bei dir. Wie gut, daß es dich gibt. Ich sage ja zu dir, wie du bist."

Eine solche Liebeserklärung hat Konsequenzen. Wer so liebt, will sein Leben (auch den Alltag!) mit der/dem Geliebten teilen. Er macht diese Absicht auch bekannt: die „Beziehung" wird öffentlich, und sie wird öffentlich akzeptiert. Die beiden sehen sich nicht mehr nur selbst an, sondern wenden sich gemeinsam den Alltagsproblemen zu. Mit der Bereitschaft zum *Kind* schließen sie ihre Liebe nicht bei sich selbst ein, sondern weiten sie zur Elternliebe.

Wer so liebt, will auch gemeinsam alt werden. Der Fuchs sagt zum kleinen Prinz: „Du bist zeitlebens für das verantwortlich, was Du Dir vertraut gemacht hast." Die Menschen haben diese Wahrheit vergessen, aber Du darfst sie nicht vergessen. – Das Ja zum anderen soll bedingungslos und auf *Dauer* gelten. Findest Du es nicht auch erstaunlich, wie stabil sich diese Dauerbeziehung Ehe über die Jahrtausende hinweg trotz allen Wandels der Kulturen erhalten hat? Sie muß wohl menschlichen Grundeigenschaften und Grundbedürfnissen entsprechen. Heute taucht da allerdings ein besonderes Problem auf. Die Menschen leben viel länger als frühere Generationen. Als „müssen" auch die Ehen länger tragen. Müßte da nicht die Vorbereitung viel gründlicher als früher Stufe für Stufe angegangen werden? Liebe will gelernt sein, erst recht die Ehe. Leider ist die Verlobung als wichtige Station auf diesem Weg fast völlig verschwunden. Ich meine, Verlobung und Verlobungszeit sollten in der Kirche neu entdeckt werden.

Aus dem Glauben wissen wir: „Was Gott verbunden hat, das darf der Mensch nicht trennen" (Mt 19,6). Das *freie Ja* der Liebe zum anderen Menschen gilt dem „Abbild Gottes" (Gen 1,27), das die Achtung vor seiner Würde und Eigenart letztlich begründet. Durch Jesus Christus wird die Liebe der Ehepartner zum Zeichen des Heils, zum Sakrament. Durch ihn wird sie gehalten und in wechselnden Lebensphasen gewandelt und erneuert. Auch Leiden und Krankheit können so leichter gemeinsam bewältigt werden, Fehler und Versäumnisse ertragen, Versagen und Schuld überwunden werden.

Von hier aus möchte ich noch einmal zum Ausgangspunkt zurückkehren. Die Art und Weise, wie Du Deine Beziehung aufbaust, Stufe um Stufe, ist für den weiteren Weg entscheidend. Laß Dich beim Wort nehmen: Entscheide frei und verantwortlich, wenn es soweit ist, und laß Dich nicht einfach blind in eine Beziehung „hineinfallen". Nur tote Fische schwimmen immer mit dem Strom. Wer zur Quelle will, muß gegen den Strom schwimmen.

Grüß bitte Cornelia von mir.

Dein † Franz Kamphaus

Versprechen

Ich meine dich ganz.
Du schwebst wie ein himmlischer Traum
durch mein Herz
bewegst mein Denken,
rufts mich, in deiner Schönheit
zu wohnen
Ich meine dich ganz.

Nicht   eine Nacht
         ein Wochenende
         den Sommer über

Nicht   bis es einem von uns
         zu anstrengend oder
         zu langweilig wird

Ich meine dich über die Zeiten hinaus.

Ich meine dich ganz
              mit Freuden und Trauer
              mit Wünschen und Ängsten
              mit Gaben und Fehlern
              und schließe nichts aus.

Ich meine dich ganz
Unsre Ringe sprechen aus, was wir tun:
              Du für mich
              ich für dich

Ich meine dich ganz
Unsere Ringe bezeichnen den Weg
zu der Stadt auf dem Berge

Christa Peikert-Flaspöhler

Schöne Worte sind zu wenig

Liebe Barbara

Worte, Worte, nichts als Worte . . .", schreibst Du und sprichst damit Dein Urteil über Kirche und Christentum: Was die Christen sagen, ist schon gut, aber es ist nicht durch Taten gedeckt, man sieht nichts davon. Wort und Tat klaffen auseinander. Das ist Dein Vorwurf, und dieser Vorwurf sitzt. Was soll ich Dir sagen? Ich kann Dir nur schwer widersprechen. Ich erinnere mich an hitzige Diskussionen über die Kirche der Armen – in Clubsesseln und bei erlesenem Wein. Alle nehmen sich sehr ernst und sind davon überzeugt, Wichtiges zur Erneuerung der Kirche zu sagen. Es ist zum Lachen, zum Weinen, zum Rotwerden . . . Mit Redebeiträgen sind wir schnell bei der Hand, aber mit Lebensbeiträgen? Und doch zählt nicht die Formel, die wir im Mund führen, sondern die Form, in der wir leben.

Darin offenbart sich der Krebsschaden der Christenheit, der unser ganzes Reden unglaubwürdig macht, daß Reden und Tun, Glaube und Leben auseinanderklaffen. Theoretisch ist heute in der Kirche vieles klar. Kaum eine Generation hat soviel über das Neue Testament gewußt wie wir. Aber unser Kopf ist viel weiter als unser Herz. Unser Engagement erschöpft sich zumeist im Wissen. Wenn es an die Konsequenzen geht, ist uns der Atem ausgegangen. Worte wie „dienende Kirche", „Kirche der Armen" sind in aller Munde von rechts bis links. Aber sie verändern nichts, sie bleiben zumeist folgenlos. Sie wirken wie ein ideologischer Überbau über eine unveränderte Praxis. Sie erwecken den Eindruck, als sei das Problem durch Reden zu erledigen. Es stellt sich nicht einmal ein schlechtes Gewissen ein. Im Gegenteil, man hat die innere Befriedigung, „richtig zu liegen".

Manchmal erschrecke ich (auch vor mir selbst): Halten wir uns nicht mit dem Namen Christi und seinem Wort seine Sache vom Leibe? Dann wird das Christentum schließlich zum Konsumgut (die Gefahr ist in unserer Konsumgesellschaft riesengroß), das man sich wie einen echten Teppich aus Aserbeidschan ins Zimmer hängt, um der Wohnungsinneneinrichtung einen Hauch von Wüstenromantik und Abenteuer zu verschaffen; man benutzt das Christentum als Hauptstück der Innendekoration; aber es bleibt nur eine übernommene Ware und ein Gegenstand abendlicher Träume.

Jesus hat keinen Zweifel daran gelassen: nicht die Worte zählen, sondern das Leben. Er meint, was er sagt, und er tut, was er meint. Seine Botschaft ist weniger zu großen Predigten und zum Bücherschreiben gedacht als vielmehr zum Leben. Und so „ausgewogen", wie wir es gerne möchten, ist er offenkundig nicht. Wir sagen schnell: Die Wahr-

heit liegt in der Mitte! Ob sie nicht oft in der Mitte
begraben wird?

Du schreibst, Du hast einmal das Wort gehört:
„Ein halber Christ ist ein ganzer Unsinn." Du
spürst, daß bei uns etwas nicht stimmt in Gesellschaft und Kirche. „Verlogen", sagst Du. Du
suchst nach Alternativen, nach einem wahreren
Leben. Du möchtest Dich nicht mit den bekannten
kleineren Lösungen zufriedengeben, sondern aufs
Ganze gehen. Darin bewundere ich Dich. Da
rührst Du bei mir an einem wunden Punkt, rufst
eine bisweilen verschüttete Sehnsucht wach. Du
wirst lachen: darum bin ich Priester geworden,
habe auf die Ehe verzichtet und versucht, einfach
zu leben. Aber ich ertappe mich bis heute immer
wieder dabei, daß ich vor einschneidenden Konsequenzen ängstlich zurückweiche. Ich finde immer
einen Grund, nicht „ganz" zu sein: „So wörtlich
kann man Jesus doch nicht nehmen . . . Wo kämen
wir da hin?" Ich begnüge mich dann mit halbherzi-
gen Abschlagszahlungen, oft sehr kleinkariert
und allemal wenig überzeugend. Das macht mir
sehr zu schaffen, nicht nur meinetwegen, sondern
auch der Kirche wegen, für die ich ja stehe.

Wie an diesem Punkt weiterkommen? Drei Dinge
sind mir wichtig geworden:
– Wer ist schon ein ganzer Christ? Fünf „Fünftel-
  Christen", die ahnen, daß *ein* Christ allein *kein*
  Christ ist, und die versuchen, gemeinsam in
  mühseliger Alltagswirklichkeit Jesus etwas
  mehr nachzufolgen – das ist auch schon etwas.
– Mit diesen „Gefährten" zusammen bemühe ich
  mich um ein einfaches Leben. Ich habe gemerkt:

38

je weniger du mit dir herumschleppst (bis hin zum Körpergewicht), desto unverstellter ist dein Blick, desto beweglicher bist du.

- Ich vertraue darauf, daß Jesus die Bruchstücke meines Lebens zusammenbringt. Ich übergebe sie ihm regelmäßig in der Beichte und weiß dann, daß ich neu anfangen kann.

Zum Schluß sag' ich Dir ein Wort von Frère Roger, das mir wichtig geworden ist: „Lebe das, was du vom Evangelium begriffen hast, und sei es auch noch so wenig." Ich merke, daß ich das Evangelium im Grunde erst begreife, wenn ich anfange, es zu leben.

Du hast früher sicher auch oft zu hören bekommen: „Rede nur, wenn Du gefragt wirst." Das kann man sich auch als Christ merken, möglichst mit dem Zusatz: „Lebe so, daß Du gefragt wirst."

Dein † Franz Kamphaus

Sei unbequem, zuallererst dir selbst. Schade dir, indem du nicht in Schritt und Tritt gehst; indem du hinsiehst, statt wegzusehen; indem du aufstehst und protestierst, wo alle sitzen bleiben, als hätten sie einen Theaterplatz unter dem Hintern; indem du entscheidest von Fall zu Fall und sogar erst nach Kenntnis des Falles. Damit schadest du dir enorm.

Hier schlägt der Schaden für den Einzelnen in den Nutzen für die Gesellschaft um.

Hilde Domin

Herr, du hast mich erforscht, und du kennst mich.
Ob ich sitze oder stehe, du weißt von mir.
Von fern erkennst du meine Gedanken.
Ob ich gehe oder ruhe, es ist dir bekannt;
du bist vertraut mit all meinen Wegen.
Du umschließt mich von allen Seiten
und legst deine Hand auf mich.
Zu wunderbar ist für mich dieses Wissen,
zu hoch, ich kann es nicht begreifen.
Würde ich sagen: »Finsternis soll mich bedecken,
statt Licht soll Nacht mich umgeben«,
auch die Finsternis wäre für dich nicht finster,
die Nacht würde leuchten wie der Tag,
die Finsternis wäre wie Licht.
Denn du hast mein Inneres geschaffen,
mich gewoben im Schoß meiner Mutter.

Ich danke dir, daß du mich so wunderbar gestaltet hast.
Ich weiß: Staunenswert sind deine Werke.
Als ich geformt wurde im Dunkeln,
kunstvoll gewirkt in den Tiefen der Erde,
waren meine Glieder dir nicht verborgen.
Deine Augen sahen, wie ich entstand;
in deinem Buch war schon alles verzeichnet;
meine Tage waren schon gebildet,
als noch keiner von ihnen da war.
Wie schwierig sind für mich, o Gott, deine Gedanken,
wie gewaltig ist ihre Zahl!
Wollte ich sie zählen, es wären mehr als der Sand.
Käme ich bis zum Ende, wäre ich noch immer bei dir.
Erforsche mich, Gott, und erkenne mein Herz,
prüfe mich und erkenne mein Denken!

aus Psalm 139

Training der Sehnsucht

Lieber Michael

ank für Deinen Brief. Beten – das ist für Dich ein Fremdwort, schreibst Du. Du weißt nicht, was das für einen Sinn hat. Statt um jenseitige Hilfe zu bitten, sollten wir lieber nach Kräften diesseitige Not wenden. Können wir uns das überhaupt leisten, uns zurückzuziehen in die Stille und zu meditieren, wo so vieles im argen liegt und darauf wartet, daß wir die Ärmel aufkrempeln und zupacken?

Ich habe einen Freund am Chiemsee. Er ist ein begeisterter Segler. Wenn ich bei ihm bin und der Wind weht, dann geht's hinaus auf den See. Du kennst Dich aus mit dem Segelboot: Das große Segeltuch sieht man von weitem, und oft sieht man nur das. Es leuchtet in der Sonne, ist prall mit Wind gefüllt. Es fängt elementare Kraft auf, hält sogar einer starken Böe stand, es wandelt die Energie des Windes um und bringt damit eine Menge in Bewegung, Menschen, ganze Schiffsladungen . . .
Diese Aufgabe kann das Segel aber nur erfüllen, weil es einen verläßlichen Verbündeten hat. Der

tut seinen Dienst ganz unbeachtet, ist nicht von Wind und Sonne umgeben. Er ist in seinem Element, wenn er ins Wasser eintaucht. Unter dem Schiffskörper des Segelbootes ist ein senkrecht verlaufendes Metallstück angebracht, das Schwert. Obwohl es der Sonne und dem Wind entzogen ist, schafft es eine wichtige Voraussetzung dafür, daß das Boot im Spiel von Wellen und Wind bestehen kann, vorankommt.

Segel und Schwert müssen genau aufeinander abgestimmt sein. Ein Schwert, das zu groß und zu schwer ausgefallen ist, verlangsamt die Fahrt. Andererseits: Wenn die Fläche des Segels zu groß bemessen ist, kann das Gegengewicht des Schwertes den Druck nicht mehr auffangen und ausgleichen. Das Boot kentert. Und wenn es umkippt und auf dem Wasser treibt, kommt's ans Licht: Ein so großes Segel, ein so kleines Schwert – das kann nicht gutgehen! Ein Höhenflug – ohne Tiefgang! Wenn Du den Weg eines Segelbootes verfolgst: Bei starkem Wind neigt es sich weit zur Seite, ohne vom Kurs abzugehen oder auf das Wasser gedrückt zu werden; dann denk an das Schwert . . .

Zeiten der Zurückgezogenheit und des Gebetes, Tage der Stille – die Frage ist nicht, ob wir uns das leisten können, sondern vielmehr, ob wir darauf verzichten können! Wenn wir hier sparen und alles dafür einsetzen, das Segel unserer Aktivitäten zu vergrößern: beschwören wir damit nicht einen Schiffbruch herauf, in dem alles untergeht? Wenn Du die Segel setzen und auf die große Fahrt gehen möchtest: Du solltest Dich vergewissern, ob der verläßliche Verbündete mit von der Partie ist, der ausbalanciert und Halt gibt.

Der Blick auf das Segelboot kann vor falschen Alternativen bewahren. Wenn wir in die Stille eintauchen, verzichten wir für eine Weile darauf zu agieren. Nicht, weil wir die Flucht ergreifen und die Welt sich selbst überlassen. Wer in die Stille eintaucht, tut nicht nur sich selbst, sondern auch der Welt insgesamt einen großen Dienst.

Vor einigen Wochen gab mir ein Freund diese beiden Sätze von Augustinus: „Das Gebet ist Training der Sehnsucht . . ." Und: „Die Sehnsucht gibt dem Herzen Tiefe." – Die Sehnsucht treibt Dich um, daß die Welt nicht so bleibt, wie sie ist. Die Sehnsucht nach dem ganz Anderen, nach Alternativen. Ob die anderen Verhältnisse allein Deine Sehnsucht erfüllen können? Der Mensch ist zu groß, als daß er in sich selbst und in dem, was die Erde bietet, seine Erfüllung findet. In allem ist etwas zu wenig. Gott allein genügt! Er ist der ganz Andere, in dem sich unsere Sehnsucht erfüllt.

Das Gebet ist Ausdruck dieser Sehnsucht. Du kannst Dich darin einüben. Es will gelernt sein, damit es Dir nicht nur gelegentlich mal einfällt, sondern Dir sozusagen in Fleisch und Blut übergeht. Das Beten braucht Hand und Fuß, drückt sich in Gebärden aus (Kreuzzeichen, offene oder gefaltete Hände, Meditationssitz), es braucht Symbole (Kerze, Bild). Ich kenne junge Menschen, die haben in ihrem Zimmer eine Gebetsecke, und sie haben sich selbst ein eigenes Gebetbuch zusammengestellt mit Texten, in denen sie sich aussprechen können. Du denkst sicher, das ist überzogen. Aber denk auch an das Schwert unterm Segelboot. Du brauchst es für die Fahrt Deines Lebens.

Dein † Franz Kamphaus

P. S.: Das Erste und Letzte am Tag ist bei mir das große Kreuzzeichen: Im Namen des Vaters und des Sohnes und des Heiligen Geistes. Amen.

Man muß die Segel
in den unendlichen
Wind stellen,
dann erst werden wir spüren,
welcher Fahrt
wir fähig sind.

Alfred Delp

Die erste Folge von Anpassung ist, daß man langweilig wird.

Elias Canetti

Nein, schlaft nicht,
während die Ordner
der Welt geschäftig sind!

Seid mißtrauisch gegen die Macht,
die sie vorgeben für euch erwerben zu müssen!

Wacht darüber, daß eure Herzen nicht leer sind,
wenn mit der Leere eurer Herzen gerechnet wird!

Tut das Unnütze, singt die Lieder,
die man aus eurem Mund nicht erwartet!

Seid unbequem, seid Sand,
nicht das Öl im Getriebe der Welt!

Günther Eich

Wohin kämen wir,
wenn niemand ginge zu schauen,
wohin wir kämen,
wenn wir gingen.

Wandlung

Liebe Barbara

Eucharistie ist ein griechisches Wort, und Griechisch hast Du nicht gelernt. Was weißt Du von der Eucharistie, von der Messe? „Immer dasselbe", schreibst Du, „langweilig; alles läuft so nach Muster ab. Wir Jugendlichen haben sowieso nichts zu melden, wir sitzen da und können nichts tun. Und dann trifft man in der Kirche fast nur Leute, die das Leben schon hinter sich haben. Was soll ich da?"

In manchem hast Du recht. Du weißt, daß die gegenwärtige Gestalt der Meßfeier sich im Laufe der Zeit entwickelt hat. Sie war nicht immer so und muß auch nicht immer so bleiben.

Laß uns aber nicht zuerst auf die Form schauen, sondern auf die Sache selbst. Worum geht's? Alles steht und fällt mit Jesus, mit seiner Botschaft, mit seinem Leben, mit seinem Sterben und seiner Auferstehung. Warum hat sich Jesus mit Zöllnern und Sündern, mit Ausgestoßenen und Armen an einen Tisch gesetzt? Viel leichter wäre doch gewesen, was alle anderen taten und tun: Das Tischtuch zu zerschneiden und schön getrennt zu sitzen – die

Armen im Asyl, die Reichen im Schlemmerlokal, die Bürgerlichen ebenfalls beim gutgedeckten Tisch unter sich. Nein: Jesus durchkreuzt solche Abgrenzungen, er bildet eine neue Gemeinschaft. Er ist überzeugt, daß Gottes Reich angebrochen ist, die Weltherrschaft seiner zuvorkommenden Güte. Da ist jeder wichtig, und deshalb sind die Ärmsten und Isoliertesten für ihn die ersten Adressaten. Worum es ihm geht, das faßt er wie in einem Vermächtnis zusammen im Letzten Abendmahl: Noch in der Nacht des Verrates und angesichts des Todes – jeder andere wäre eher verzweifelt oder hätte gekniffen – bricht er das Brot, teilt er sich aus und mit. Alle sollen ein für allemal erkennen, wer er ist und wer Gott ist. Ausdrücklich heißt es ja im Kelchwort: „Für euch und für alle." Das alles Entscheidende daran ist die Sprengkraft seines Lebens für andere; dadurch stiftet er Versöhnung, schenkt er Vergebung und ermöglicht er Wandlung. Deshalb Eucharistie, deshalb Danksagung, deshalb Fest.

Du sagst Fete. Das ist dasselbe Wort. Tatsächlich: Jesus lädt zu einer Fete ein, die ganze Gemeinde, alle, auch die weit weg sind. Du wirst sagen: Das wäre ja toll, wenn es so wäre. Aber ist nicht etwas davon in jeder Sonntagsmesse zu erleben? Schau Dich mal in Frankfurt um: Da sitzen Afrikaner neben Weißen, Eritreer neben Koreanern, Kroaten neben Spaniern . . . Ich finde es großartig, daß keiner ausgeschlossen wird. Die Kleinen spielen unter der Bank, die Oma betet still den Rosenkranz, da sitzt eine Familie wie die Orgelpfeifen in der zweiten Reihe, da lehnt sich ein Jugendlicher ganz hinten an den letzten Pfeiler, und die Männer

schmettern „Großer Gott" von der Empore. Du
kannst etwas erleben: Du bist als Christ nicht
allein, andere sind neben Dir. Alle dürfen kommen.
Mutter Teresa meint: Keiner darf so aus der Kirche herausgehen, wie er hineingegangen ist. Es
ändert sich ja etwas. Wandlung – sagen wir. Brot
und Wein wandeln sich in Leib und Blut Christi.
Er wird uns in die Hand gegeben. Und dann haben
wir es in der Hand, daß wir uns durch ihn in seinem Sinne wandeln lassen und daß durch uns die
Welt gewandelt wird, etwas wenigstens, soweit es
an uns liegt. Gegner können miteinander reden;
geballte Fäuste können sich öffnen zum Friedens-
gruß; Schwerter können zu Pflugscharen umge-
schmiedet werden.
Es darf nicht alles so bleiben, wie es ist. Auch in
der Gestaltung der Messe nicht! Du möchtest mehr
Bewegung, andere Lieder, andere Texte, mehr Leben und Gemeinschaft. Sicher, vieles könnte besser gestaltet werden. Neben den alten Liedern gibt
es neue. Noch mehr könnten mithelfen, daß die
Messe lebendiger wird. Das ist viel, aber noch
nicht alles.
Am Evangelium kommen wir nicht vorbei! Das
wird immer wieder und immer weiter verkündigt.
Denn darin spricht Christus selbst zu Dir.
Du kannst ihn nur verstehen, wenn Du hörst.
Du kannst ihn nur hören, wenn Du still wirst.
Du kannst nur still werden, wenn Du alles andere,
was Dich beschäftigt, losläßt, *Ihm* überläßt.

Christus hat ein Interesse an Dir und der Welt.
Deshalb lädt er Dich ein. Hab etwas Geduld mit
den anderen, die kommen. Wieviel Geduld muß

Gott mit uns allen haben, auch mit mir und Dir! Lauf nicht weg, auch wenn Dich manches stört. Sei kritisch und bringe von Dir ein, was Du kannst. Ich bin gespannt auf Deine Antwort.

Dein † Franz Kamphaus

Inkonsequent

Frag hundert Katholiken
was das wichtigste ist
in der Kirche.
    Sie werden antworten:
    Die Messe.

Frag hundert Katholiken
was das wichtigste ist
in der Messe.
    Sie werden antworten:
    Die Wandlung.

Sag hundert Katholiken
daß das wichtigste in
der Kirche die Wandlung ist.
    Sie werden empört sein:
    Nein, alles soll bleiben
    wie es ist!

Lothar Zenetti

Okkultismus – von allen guten Geistern verlassen

Lieber Michael

In Deinem letzten Brief erzählst Du, wie bei Euch in der Schule das Gläserschieben und Tischerücken in Mode gekommen ist und wie viele den verrücktesten okkulten Vorstellungen nachlaufen, um Kontakt mit dem Jenseits zu bekommen. Durch „Auspendeln" versprechen sie sich Antworten auf ihre Lebensfragen. Was ist von diesen Dingen zu halten? Man könnte laut lachen, wenn's nicht zum Weinen wäre. Denn was oft aus Neugierde beginnt, kann schnell schlimme Folgen haben. Dann sucht man bei spiritistischen Sitzungen Kontakt mit Verstorbenen oder Geistern aus jenseitigen Sphären. Oder man bildet sich ein, direkt mit dem Bösen in Verbindung zu stehen. Man schreibt ihm Unfälle zu, scheinbar unerklärliche Ereignisse, Enttäuschungen, Streit und die ganzen Widersprüchlichkeiten des Lebens. Man begibt sich in eine finstere Abhängigkeit und denkt schließlich nur noch darüber nach, was das Böse einem als nächstes antun wird. Lehrer berichten mir, daß sich Schüler im Wesen verändern, plötzlich still werden und voll Angst und Schrecken sind.

Es ist nicht ganz leicht, in einem kurzen Brief etwas Licht in diese dunklen (okkulten) Dinge zu bringen. Wenn heute viele Zeitgenossen sich solch magischen Praktiken zuwenden, steckt dahinter eine Menge Enttäuschung und Ratlosigkeit. Wirtschaft und Technik, Wissenschaft und Politik haben viel Vertrauen eingebüßt, gerade bei Euch Jüngeren.

Bei vielen von Euch ist der Fortschrittsoptimismus früherer Generationen umgeschlagen in Fortschrittsverdruß: Der Fortschritt scheint zu einem blinden, ziellosen Selbstlauf geworden zu sein, der mehr Probleme schafft, als er löst. Das Tempo der Entwicklung ist schneller, als der Mensch mit seinen begrenzten Kräften verarbeiten kann. Er kommt nicht mehr mit.

Darüber hinaus läßt sich nicht übersehen, daß viele heute das Gespür haben: Aufklärung und Kopfwissen sind nicht der Weisheit letzter Schluß. Was draußen in der Welt vorgeht, was wir in uns selbst vorfinden, ist oft dunkel genug und nicht zu begreifen.

Wie können wir die finsteren Verhältnisse in uns und um uns durchstehen? Sicher nicht, indem wir sie einfach abspalten, nur die Sonnenseite sehen und die Schattenseite leugnen. Das Verdrängte taucht über Nacht als Gespenst wieder auf, kann sich geradezu explosionsartig entladen. Oder es schafft sich eine Art Ersatzreligion mit finsteren Räumen, in die man eintauchen kann. Dann überläßt man sich der Magie und verfällt auf schwarze Messen. Oder man sucht Zuflucht und Rat bei „rückenden Gläsern" und „schreibenden Tischchen". Man nimmt Kontakt auf mit dunklen Gei-

stern, um mit sich und der Welt klarzukommen –
und wird sie schließlich nicht mehr los.

Als Zeichen unserer Zeitnöte nehme ich diese Art
von Okkultismus sehr ernst. Zwar gibt es bei sol-
chen magischen Praktiken eine ganze Menge
Schummelei, bloße Selbstbestätigung oder auch
nur den Lustkitzel am Neuen und Gefährlichen.
Und natürlich gibt es Leute, die mit diesen dunklen Sachen noch finstere Geschäfte machen. Aber
entscheidend ist eben doch, daß viele heute ratlos
sind und suchend. Da ist ihnen dann jede Adresse
recht, die etwas Heil und Erlösung verspricht.

Genau das stimmt mich nachdenklich und traurig
zugleich. Was ist mit unserer Kirche los, daß
immer mehr Menschen woanders ihr Heil suchen?
Junge Leute – vor ein paar Jahren erst gefirmt –
kehren der Kirche gelangweilt und desinteressiert
den Rücken und wenden sich irgendwelchen
„Sinnagenturen" zu. Ob wir ihnen zu verkopft
sind, zu aufgeklärt?
Dabei haben wir doch die ganze Erfahrung unseres
Glaubens, daß der Mensch weit mehr ist als auf-
geklärte Vernunft und Wissen. Wir glauben uns
umgeben von Gottes wohltuender Gegenwart. Die
Bibel spricht von den Engeln Gottes, die uns be-
schützen und begleiten. Ebenso gibt es teuflische
Versuchungen, Teufelskreise der Gewalt, der
Lüge und des Unrechts, Verblendungszusammen-
hänge, in denen der einzelne fast machtlos ist. Das
verschweigt die Bibel nicht, davon weiß unser
Glaube zu erzählen. Er spaltet das Dunkle nicht
ab, sondern stellt sich ihm. Es ist ja kein Zufall,
daß wir unser Christsein in der Weih-Nacht und
der Oster-Nacht bekennen. Die Nacht ist wichtig,

nicht nur der Tag, das Dunkel hat Bedeutung, nicht nur das Licht, das „Okkulte" ist ernst zu nehmen, nicht nur das Helle. Beides nimmt der Glaube wahr, beides wird in der Liturgie so gestaltet, daß wir angesprochen werden, so wie wir sind – mit Licht und Schatten, mit Hellem und Dunklem, mit Tod und Leben. Gott kommt uns entgegen bei Licht und in Dunkelheiten, er geht mit uns tags und nachts. Sowohl unsere Vernunft wie unser Unbewußtes, unsere Gedanken wie unsere Träume sind das Medium seiner Auskunft. Entscheidend dabei ist dies, daß uns Gott bekanntgeworden ist in Jesus Christus.

Lieber Michael, ich habe wenig Hoffnung, daß wir okkult-begeisterte Zeitgenossen mit der Vernunft allein überzeugen werden. Je klarer wir aber den Erfahrungsreichtum unseres eigenen Glaubens entdecken und leben, desto eher werden wir auch die erreichen, die sich heute nur mit Okkultismus zu helfen wissen. Das Ganze ist eine heiße Frage an uns als Christen und als Kirche: Schaffen wir es, den christlichen Glauben so zu leben, daß alle Welt spürt, wie sehr Gott das ganze Dasein umfaßt – Licht und Schatten, Tag und Nacht, Tod und Leben? Haben wir nicht etwa in der Liturgie der Karwoche zwischen Palmsonntag und Osternacht viele Ausdrucksmöglichkeiten für unsere Art von „Okkultem", durch das wir mit Jesus Christus zum Licht der Auferstehung kommen? In Brasilien und Bolivien habe ich erlebt, wie die Karwoche Menschen verändern kann, wenn Liturgie und Leben zusammenkommen. Was aber muß sich dann in unserer Liturgie, in unserer Kirche ändern, daß auch jene sich wieder angesprochen und aufgehoben fühlen, die jetzt meinen, okkultisch fremdgehen zu müssen? Die Frage läßt mich nicht los.

Ich wünsche Dir, daß Dir bei all dem Dunklen ein Licht aufgeht. Nein, von allen guten Geistern sind wir nicht verlassen!

Euer Franz Kamphaus

das leere grab

ein grab greift
tiefer
als die gräber
gruben

denn ungeheuer
ist der vorsprung tod

am tiefsten
greift
das grab das selbst
den tod begrub

denn ungeheurer
ist der vorsprung leben

Kurt Marti

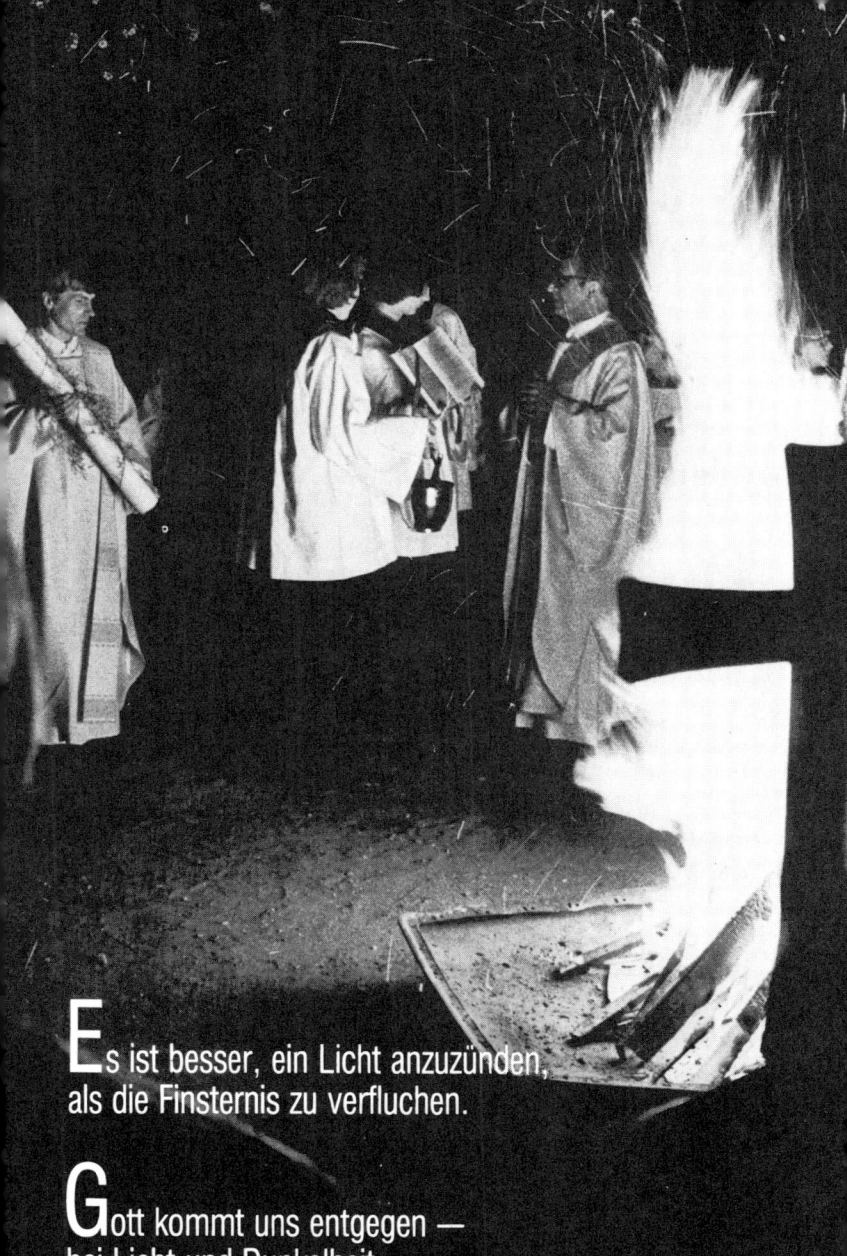

Es ist besser, ein Licht anzuzünden,
als die Finsternis zu verfluchen.

Gott kommt uns entgegen —
bei Licht und Dunkelheit

Lieber Michael

Du hast mir geschrieben, was Du von der Kirche hältst: offenbar nicht sehr viel. Du siehst schwarz, was ihre Zukunft angeht. Einige Wörter in Deinem Brief habe ich unterstrichen, sie kehren immer wieder: unbeweglich, verholzt, starr, bürokratisch, veraltet, konservativ, Macht, Geld . . . Das alles verbindest Du mit Kirche. Und am Ende fragst Du ganz direkt, weshalb ich mich noch in dieser Kirche und für sie engagiere. Das hat mir zu denken gegeben. Wenn man von seinem Amt her immer für die Kirche geradesteht, kommt man leicht in Gefahr, alles zu verteidigen und Kritik gleich abzuwürgen. Aber die Kirche macht mir ja selbst zu schaffen. Vieles wünschte ich mir anders. Trotzdem bin ich mit Leib und Seele in der katholischen Kirche und habe nie nach einer Alternative Ausschau gehalten. Warum?

Ich verdanke der Kirche den Glauben. Ohne die Menschen, die vor mir geglaubt haben und mit mir glauben, wäre ich nicht der, der ich bin und sein will. Nie wäre ich so herausgefordert worden, mich dem Evangelium zu stellen. Ohne die Kirche wäre ich wahrscheinlich ein religiös blasser und im Grunde atheistischer Zeitgenosse. Verstehst Du, weshalb mir die Kirche wichtig ist? Natürlich erfahre ich Tag für Tag, wie allzu menschlich es in der Kirche zugehen kann, unter dem Niveau des Evangeliums. Ich frage mich, ob die Kirche hierzulande ihrem Auftrag in unserer Gesellschaft gerecht wird. Ich spüre die Last all dessen, was in der Kirchengeschichte nicht im Sinne Jesu gelaufen ist und die Kirche bis heute in den Augen vieler um ihre Glaubwürdigkeit gebracht hat. Das macht mir zu schaffen. Ich habe daran zu tragen – wie die Kirche ja auch an mir zu tragen hat!

Je näher und genauer ich meine eigenen Grenzen wahrnehme, desto wichtiger wird mir die Kirche („Schau nicht auf unsere Sünden, sondern auf den Glauben deiner Kirche . . .", beten wir in der Messe). Schließlich sage ich mir: Wenn die Kirche nur ein x-beliebiger Zweckverband wäre, von Menschen erfunden, dann hätten die Christen, nicht zuletzt die Bischöfe und Priester, sie längst zugrunde gerichtet. Das Wunder ist, daß sie nach zweitausend Jahren besteht trotz aller Menschlichkeit und Ärgernisse mit der Institution und den Christen im Alltag, trotz aller fragwürdigen Päpste und Bischöfe und Priester. Offenkundig steckt mehr dahinter: Jesus Christus!

Die Kirche ist uralt, sagst Du. Ist die lange Geschichte nur eine Last? Ich möchte den Schatz an Erfahrungen aus dieser Geschichte nicht missen, die vielen unterschiedlichen Begabungen, die heiligen Frauen und Männer. Sie bürgen für die Treue zum Ursprung. Es ist nicht so leicht, über Jahrhunderte das Feuer des Aufbruchs am Brennen zu halten. Viele Bewegungen unseres Jahrhunderts, die mit großem Elan an den Start gegangen sind, sind schon nach einigen Jahrzehnten veraltet und abgewirtschaftet.

In den vergangenen Jahren bin ich mehrere Wochen in Südamerika und Asien gewesen. Die Kirche dort ist jung, die Jugendlichen prägen ihr Gesicht. Das ist auch katholische Kirche. Du darfst sie nicht allein von Deutschland her beurteilen. Wenn nicht alles täuscht, wird die Kraft der Kirche sich von Europa zu den anderen Kontinenten verlagern. Ist das nicht großartig, daß die Kirche in allen Ländern der Erde da ist und mitarbeitet an der Entwicklung der Völker? Kennst Du eine andere Institution, die das so entschieden tut? Wir dürfen unsere besten Kräfte und unsere Hoffnungsenergie nicht dafür verschwenden, unser privates Wohlbefinden zu pflegen – auch nicht in der Kirche. Wir haben eine Botschaft für die Welt. Und wir haben diese Botschaft nicht zuerst durch schöne Worte, sondern durch die Tat zu bezeugen.

Ich habe eingangs schon Papst Johannes XXIII. erwähnt: Wir müssen in dem alten Gebäude Kirche die Fenster öffnen und frische Luft hereinlassen, selbst auf die Gefahr hin, daß es zieht und manche ins Flattern geraten. Nicht Abriß des Gebäudes, sondern Erneuerung, Umkehr, Aufräumen im Inneren und Äußeren. Ob wir auf diesem Weg schon weit genug gegangen sind? Er ist mühsam und geht an die Kräfte. Man muß einen langen Atem haben. Wünsche an die Kirche dürfen nicht nur Erwartungen an andere sein. Wenn's um die Kirche geht, dann geht's immer auch um uns. Die Frage, wie lebendig, wie gläubig, wie engagiert die Kirche ist, ist immer auch eine Frage an Dich und mich.

Versuche, dort mitzumachen, wo Du bist, in Deiner Pfarrei. Warte nicht, bis ideale Voraussetzungen gegeben sind.

Sei herzlich gegrüßt,

Dein † Franz Kamphaus

Inzwischen angepaßt

Schon lange sind die Jahre vorbei,
in denen die Kirche in Zelten lebte,
jederzeit
zum Aufbruch
bereit.

Hubert Röser

Lied:
Zehn kleine Christen

Zehn kleine Christen
sich ihres Glaubens freun,
doch einem gefiel die Predigt nicht,
da warens nur noch neun.

Neun kleine Christen
hatten alles treu gemacht
der eine hat die Lust verloren,
da warens nur noch acht.

Acht kleine Christen
hörten was von „Nächsten lieben",
der eine fand das viel zu schwer,
da warens nur noch sieben.

Sieben kleine Christen
macht Beichten ganz perplex,
und einer sagt: „Ich mag nicht mehr",
da warens nur noch sechs.

Sechs kleine Christen
meinten: „Die Kirch hat alle Trümpf",
der eine war dann sehr enttäuscht,
da warens nur noch fünf.

Fünf kleine Christen,
die waren der Kirche Zier,
doch einer fühlt sich nicht geehrt,
da warens nur noch vier.

Vier kleine Christen,
die waren echt und treu,
doch einer schafft das Tempo nicht,
da warens nur noch drei.

Drei kleine Christen
waren noch immer dabei,
doch einer fand die Schar zu klein,
da warens nur noch zwei.

Zwei kleine Christen —
ein Anfang? Jedoch Nein,
der eine hat den Mut verloren,
da warn es nur noch ein.

Ein kleiner Christ,
ach der erscheint so klein,
wenn auch die Neune laufen gehen,
Gott läßt ihn nicht allein.

Ein kleiner Christ
holt seinen Freund herbei,
und der ging mit ihm in die Kirch,
da warens wieder zwei.

Zwei aktive Christen,
denen machte es Plaisir.
Sie nahmen beide noch jemand mit,
da waren es schon vier.

Vier überzeugte Christen,
die glaubten Tag und Nacht,
das wirkte wie ein Virus,
da waren es schon acht.

Noch zwei dabei,
und man wird es sehn:
wenn du und ich auch mitmachen,
dann sind es wieder zehn.

Frauen – Christen zweiter Klasse?

Liebe Barbara

Deinen letzten Brief habe ich zweimal lesen müssen. Du gehst ganz schön mit der Kirche und auch mit mir ins Gericht: „Männerkirche", „Unterdrückung der Frau", „Diskriminierung", „Kinder-Küche-Kirche-Rolle". Das sind harte Worte. Ich weiß, Du hast sie nicht aus der Luft gegriffen, und viele denken und empfinden wie Du. Den Vormittag in einer Mädchenschule werde ich so leicht nicht vergessen. Selten bin ich so ins Kreuzfeuer bohrender Fragen geraten (am Ende war ich naß geschwitzt): „Wir Frauen sind in der Kirche ja doch nicht ernsthaft gefragt. Wir dürfen die Kirche putzen, die Röcke der Ministranten waschen, bei Sitzungen den Kaffee servieren und die Texte tippen. Mitreden und entscheiden dürfen wir nicht. Unsere beruflichen Möglichkeiten in der Kirche sind spärlich . . . In Liedern, Gebeten und Predigten kommen in der Regel nur die Söhne, Brüder und Väter vor. Wir sind ausgeschlossen."
Was soll ich antworten? Ich bin hin- und hergerissen zwischen Zustimmung und Rückfragen. Keine Frage: Es ist ein Zeichen unserer Zeit, daß die

Frau „sich ihrer Menschenwürde . . . immer mehr bewußt wird". So hat es Papst Johannes XXIII. schon vor 25 Jahren in einem wichtigen Lehrschreiben gesagt. Aber wird nicht oft zu schnell von der „Unterdrückung der Frau" geredet? Ich weiß, die Machtfrage ist ein Schnittpunkt des Problems. Ihr fühlt euch an zentralen Punkten übergangen und von Entscheidungen ausgeschlossen. Ob wir nicht miteinander als Frauen und Männer, je mehr wir auf Gottes Wort hören, desto mehr auch zu einer partnerschaftlichen Kirche finden?

Der Grundsatz der Gleichberechtigung zwischen Mann und Frau ist ja weiß Gott nicht ohne Christentum in unsere Welt gekommen! Das Alte und das Neue Testament haben ganz entscheidende Anstöße zur Emanzipation der Frau gegeben. Denk nur an die Aussagen auf den ersten Seiten der Bibel, daß Gott den Menschen als Mann und Frau schuf, beide also die gleiche Menschenwürde haben. Als der Text entstand, war das völlig neu. Denk daran, wie selbstverständlich Jesus die Gemeinschaft mit Frauen suchte und sie in die Nachfolge rief. Das ist für damalige Verhältnisse revolutionär. Dann weiter: Ein wichtiger Grundsatz christlicher Rechtsentwicklung heißt: „Ein Gesetz für Mann und Frau!" Darum kommt die Ehe nur durch den Konsens, durch die freie Zustimmung beider Partner zustande. Die Frau sollte eben nicht, wie in anderen Kulturen und Religionen zum Teil bis heute, wie ein Objekt durch andere „verheiratet werden", sondern wirklich als gleichberechtigter und gleichwertiger Mensch in Freiheit ja oder nein sagen.
Ich will nicht verschweigen, daß auch frauenfeind-

liche Haltungen in der Geschichte der Kirche und selbst noch in der Gegenwart zu finden sind. Du erwähnst in Deinem Brief die Hexenprozesse. Es gibt leider Aussagen von Kirchenvätern, die die Frau in eine besondere Nähe zum Bösen bringen, sie gar als „Tor zur Hölle" bezeichnen. Dann halten Frauen schließlich Hochzeit mit dem Teufel, und die Hexe ist fertig. Frauen wurden und werden verteufelt und vergöttlicht, abgewertet und angehimmelt, beides auf ihre Kosten und ganz gegen den Schöpfer- und Erlöserwillen Gottes.

Du sagst mit Recht, daß es hier eine Menge ungelöster Probleme gibt. Seitdem sich die Stellung der Frau in unserer Gesellschaft (und in der Welt) ändert, erinnern sich immer mehr Frauen in der Kirche an die Verheißungen des Evangeliums und an ihren besonderen Auftrag. Die letzte Bischofssynode in Rom über die Stellung der Laien in der Kirche hat sehr deutlich gezeigt, wieviel hier in Bewegung ist etwa hinsichtlich der Beteiligung der Frau am Dienst in der Kirche. Wir dürfen ja nicht vergessen, daß in vielen Bereichen der Weltkirche Frauen längst in der Seelsorge tätig sind, als Katechetinnen, als Gemeinde- und Pastoralreferentinnen.

Wir brauchen uns als Kirche und Christen nicht schlechtzumachen oder schlechtmachen zu lassen; denn vieles Befreiende ist erst durch das Evangelium in die Welt gekommen. Wir haben allerdings auch absolut keinen Grund, uns auf unseren Lorbeeren auszuruhen; deswegen ist gerade die Frage nach der Stellung der Frau in der Kirche heute von zukunftsweisender Bedeutung.

Ich möchte noch auf einen anderen Punkt zu sprechen kommen. „Extrem frauenfeindlich" nennst Du die Äußerungen der Kirche zu Fragen der Sexualität und Geschlechtlichkeit. Weißt Du, worum es da im letzten geht? Es ist wichtig, den wahren Grund zu kennen, damit keine falschen Motive unterstellt werden: Gerade im Bereich des Geschlechtlichen können wir uns ungemein viel Böses antun. Wir können uns unterdrücken und ausbeuten, wir können uns in falscher Weise abhängig machen. Der Sinn der kirchlichen Ethik im Bereich der Geschlechterbeziehung zielt darauf, daß die Selbständigkeit und Freiheit, die Würde und das Recht der Partner gewahrt werden und gottgemäß wachsen. Daß wir als Mann und Frau geschaffen sind, gehört zum Kostbarsten, was uns von Gott gegeben ist. Welche Möglichkeiten der Freude und der Bereicherung im unterschiedlichen Fühlen, Denken und Wahrnehmen, welcher Reichtum gegenseitiger Ergänzung! Nichts von alldem darf abgewertet werden. Wir Christen dürfen uns von niemandem darin übertreffen lassen, die Schönheit der geschlechtlichen Prägung zu würdigen. Aber es wäre blauäugig und gemein, wollten wir die damit verbundenen Gefahren leugnen. Wo etwa geschlechtliche Lust zum Selbstzweck wird oder gar zum Letztwert, da sind Ausbeutung und Unterdrückung, Egoismus und Gewalt nicht fern. Was Anlaß zu großem Glück ist oder doch sein könnte, wird allzuoft mißbraucht. Da können wir nur froh sein, daß heutzutage immer mehr Frauen auf ihre Leiden aufmerksam machen und für eine neue, partnerschaftlichere Beziehung kämpfen. Das hilft auch den Männern, aus dem Gefängnis des Leistungsdenkens und einer oft völlig hirnrissigen Verkopftheit herauszukommen. Das hilft uns gerade auch in der Kirche, feinfühliger, wachsamer und herzlicher miteinander umzugehen. Papst Paul VI. hat das schöne Wort von der „Zivilisation der Liebe" geprägt, zu der wir gerufen sind.

Liebe Barbara, vielleicht denkst Du beim Lesen dieses Briefes: „Typisch Mann, typisch Bischof!" In der Tat: Ich kann aus meiner Haut nicht heraus, und ich will es auch gar nicht. Wir gehören unterschiedlichen Generationen an und sind verschiedenen Geschlechts. Helfen wir uns gegenseitig, die Freiheit der Kinder Gottes zu lernen. „Es gibt nicht mehr Juden und Griechen, nicht Sklaven und Freie, nicht Mann und Frau; denn ihr alle seid ‚einer' in Christus Jesus" (Gal 3,28).

Ganz herzlich,

Dein † Franz Kamphaus

Die Frau, die sich heutzutage
ihrer Menschenwürde immer mehr bewußt wird,
ist weit davon entfernt,
sich als seelenlose Sache oder als bloßes Werkzeug
einschätzen zu lassen;
sie nimmt vielmehr
sowohl im häuslichen Leben wie im Staat
jene Rechte und Pflichten in Anspruch,
die der Würde der menschlichen Person entsprechen.

Johannes XXIII.

Nein, mein Schöpfer, du bist ein gerechter Richter und nicht wie die Richter dieser Welt, die alle Söhne Adams und daher Männer sind. Es gibt keine Tugend der Frau, die sie nicht mit Mißtrauen betrachten. Aber, mein König, es wird ein Tag kommen, an dem sie uns alle erkennen werden. Ich spreche nicht für mich. Die Welt kennt mein Elend, und ich bin zufrieden, daß sie es kennt. Wenn ich aber unsere Zeit überblicke, finde ich es durchaus nicht richtig, daß man starke und hochgemute Seelen nur deshalb verachtet, weil sie Frauen sind!«

Teresa von Avila

Die Schöpfung bewahren

Lieber Michael

Dank für Deine Schwarzwald-Karte. Du zitierst einen Vers aus der Bibel und bringst so die sterbenden Bäume mit dem Glauben zusammen. In der Tat, da bestehen sehr tiefgründige Zusammenhänge. Es ist ein himmelweiter Unterschied, ob wir wissen, wer Herr im Haus der Welt ist, oder ob wir das nicht mehr wissen. Ökologie kommt vom griechischen oikos und meint die Lehre vom Haus, zu deutsch: Haus-Verstand. Wenn wir nicht mehr begreifen, daß Gott der Herr im Hause ist, dann ist auf einmal der Teufel los. Wenn wir in der Schöpfung nicht mehr durchblicken bis zum Schöpfer, dann wird sie schließlich zum Objekt degradiert, zum Objekt unserer Neugier und unserer Wirtschaftsinteressen. Statt daß wir sie „bebauen und behüten" (Gen 2,15), spielen wir uns wie Herrgötter auf und beuten sie aus nach Strich und Faden, eben auf Teufel komm heraus.

Das gibt doch zu denken: Wir wirtschaften und leben, als wüchsen die Bäume in den Himmel, und eben in diesem Augenblick sterben sie. Wir greifen nach den Sternen, und über uns schließt sich der

Himmel aus Stahl (Raketen). Was ich sagen will:
Die Umweltkrise ist eine Krise des Menschen. Da
liegt die Wurzel des Übels. Weil er Gott als den Ur-
grund der Schöpfung aus den Augen verloren hat,
ist es zur Umweltkrise gekommen.
Ist die Kirche nicht mit schuld an dieser Entwicklung? Du zitierst auf Deiner Karte sehr vorwurfs-
voll den bekannten Vers aus der ersten Seite der
Bibel: „Macht euch die Erde untertan" (Gen 1,28).
Du meinst, das sei der Grund, warum sie so herun-
tergekommen ist. Sicher, der Satz ist leider oft
genug so mißverstanden worden, als könne der
Mensch mit der Erde machen, was er will. Das
steht da aber gar nicht. Vielmehr ist gesagt, daß er
nicht Sklave der Natur ist, weil er Gottes Eben-
bild ist und darum über der Natur steht, um sie zu

73

gestalten und bewohnbar zu machen. Sie ist ja von sich aus gar nicht so menschenfreundlich, wie manche Naturromantiker das heute meinen, sie ist auch zerstörerisch und gewalttätig. Die Bibel sagt, daß sie in den Sündenfall hineingezogen ist, weit entfernt von paradiesischen Zuständen, „jenseits von Eden". Wir können sie nicht sich selbst überlassen, und wir können uns nicht einfach ihr überlassen. Christlicher Glaube ist etwas anderes als Naturgläubigkeit.

Wir sind weder die Herren der Welt noch die Schöpfer unser selbst, wir verdanken uns nicht der Natur, sondern Gott. Das Leben ist uns geschenkt, von A bis Z. Wir haben es mit allen Mitteln zu schützen. Keine Frage, daß Deine Generation wesentlich dazu beigetragen hat, die Augen für den Schutz der Umwelt zu öffnen. Aber ich verstehe nicht, wie viele Deiner Generation und auch Politiker sich enorm für den Umweltschutz engagieren, aber dann für die Freigabe der Abtreibung plädieren. Wie kann man einerseits gegen die Hochrüstung, gegen den Bau von Atomkraftwerken protestieren und scharfe Gesetze in diesem Bereich fordern, damit das geborene Leben nicht gefährdet wird, aber gleichzeitig hinnehmen oder gar fördern, daß ungeborenes Leben gewalttätig zerstört werden kann? Wie kann man (Gott Dank!) auf die Manipulationen am ungeborenen Leben höchst sensibel reagieren (auch mit gesetzlichen Bestimmungen), aber seiner totalen Vernichtung tatenlos zusehen? Das ist ganz und gar inkonsequent: Man will das Leben schützen und geht über Leichen. Ist das etwa nicht so schlimm, weil es im Verborgenen geschieht und man die Leichen nicht

sieht, wie man die abgestorbenen Bäume im Hoch-
schwarzwald sehen kann? Stehen uns die Bäume
näher als die Kinder im Mutterleib? Sollten uns
die weniger am Herzen liegen, die uns – schon
rein biologisch – ans Herz gelegt sind, als Menschen!

Lieber Michael, ich will nicht vom Schutz der Umwelt ablenken (wohl aber auf die Konsequenzen
aufmerksam machen!). Vor drei Jahren haben der
Rat der Evangelischen Kirche in Deutschland und
die Deutsche Bischofskonferenz eine Schrift her-
ausgegeben „Verantwortung wahrnehmen für die
Schöpfung". Es lohnt sich, sie zu lesen. Dort steht
nicht nur drin, was man als Christ in dieser Sache
wissen sollte, sondern auch, was man tun kann
(Lebensstil!). Es wird aufgrund „der bitteren
Erfahrungen aus der Zeit des Dritten Reiches daran erinnert, daß auch verlegenes Schweigen und
unschlüssiges Handeln schuldig machen können".
Du versuchst, das Schweigen in Deiner Umgebung
zu brechen und konsequent zu handeln. Laß Dich
nicht beirren, wenn manche Dich einen „Grünen
Spinner" nennen. Wer spinnt hier denn wirklich?
Solche Vorwürfe darf man nicht so ernst nehmen
(sonst könnte ich schon lange nicht mehr schlafen).
Sorg dafür, daß das Thema in Eurer Pfarrgemein-
de auf der Tagesordnung bleibt, nicht nur in der
Jugend. Alles steht auf dem Spiel, wenn's ums
Leben geht, erst recht, wenn's ans Leben geht.

Sei herzlich gegrüßt,

Dieselben Naturkräfte, die uns ermöglichen,
zu den Sternen zu fliegen,
versetzen uns auch in die Lage,
unseren Stern zu vernichten.

Es ist nicht mehr genug zu beten,
daß Gott auf unserer Seite sein möge,
wir müssen auf seiner Seite sein.

Wernher von Braun

Ist es wahr, Herr, daß Du noch heute
gern die Gewässer betrachtest,
die Winde,
das Licht?
Trifft es zu, daß Du Dir einen Sinn
bewahrt hast
für Vögel,
für Blumen,
für Kinder?
Wovon ich fest überzeugt bin,
ist, daß Du nicht minder gern
betrachtest,
was unablässig
aus den Händen des Menschen
hervorgeht,
mit dem Du
Deine Schöpferkraft teilst.

Helder Camara

Mit oder ohne Waffen

Lieber Michael

Das Gespräch mit Dir auf unserer gemeinsamen Wanderung im Dezember ist mir nahegegangen. Du hast mir erzählt, wie sich aus Deinen Erfahrungen zu Hause und in der Schule, in Gesprächen mit Freunden und mit Deiner Freundin immer klarer die Überzeugung herausgebildet hat, Du solltest den Kriegsdienst aus Gewissensgründen verweigern und Zivildienst leisten. Du siehst darin die einzige Möglichkeit, dem Beispiel Jesu zu folgen.

Aber dann kam von Dir und einigen Mitwanderern eine volle Breitseite (um dieses militärische Bild zu gebrauchen): Die Kirche – gemeint waren der Papst, die Bischöfe, die kirchliche Lehre – sei in der Frage der Gewaltlosigkeit inkonsequent, kompromißlerisch, wischi-waschi. Du wolltest von mir ein Wort hören, das Deinen Weg als einzig richtigen bestätigt. Da mußte ich Dich enttäuschen. Ich bin oft genug mit jungen Menschen in Deiner Situation zusammengewesen, habe sie als „Beistand" in den Verhandlungen zur Anerken-

nung ihrer Gewissensgründe begleitet. Ich habe
immer versucht, ihnen nicht meine Entscheidung
einzureden, sondern *ihrer* Entscheidung zu ihrem
Recht zu verhelfen.

Für Christen ist bei dieser Entscheidung ein Maßstab vorgegeben: Jesus Christus. Er hat nicht auf
Gegenseitigkeit bestanden („Wie du mir, so ich
dir"), sondern den ersten Schritt getan – zuvor-
kommend, wie er ist, entwaffnend in seiner Liebe,
die auch den Feind einschließt. Er hat nicht zu-
rückgeschlagen, Gewalttat nicht mit Gewalt be-
antwortet. Bei dieser seiner Haltung ist er bis zum
letzten geblieben, bis zum Kreuz. Durch seine un-
beirrbare Liebe hat er das Böse aus den Angeln ge-
hoben. „Genau das ist es, was mir vor Augen steht",
sagst Du. Langsam. Du bist nicht Jesus, und ich bin
es auch nicht. Es bleiben Fragen, denen Du nicht
ausweichen darfst. Gewalttätigkeit und Aggres-
sionslust sind nicht von der Erde verschwunden.
Darf man in jedem Fall dem Angreifer die andere
Backe hinhalten? Wir sind doch mitverantwortlich
für das, was durch ein solches Verhalten angerich-
tet wird. Gibt es nicht Situationen, in denen die
Liebe gebietet, sich und andere zu verteidigen?
Könnten wir da nicht in vermeintlichem Gehorsam
gegenüber Jesu Wort andere neben uns im Stich lassen und dadurch die Liebe verraten? Du kannst diese Fragen nicht vom Tisch fegen. Muß man nicht
staatlicherseits der Feindseligkeit und totalitären
Erpressung unter allen Umständen, notfalls mit
Gewalt, Einhalt gebieten? Jesus hat die Rechtsord-
nung nicht aufgelöst, wohl hat er sie in bestimmten
Situationen beispielhaft überschritten, um zu zeigen, wie die kommende Welt aussieht.

Unterschätz bitte nicht die Friedenserfolge, die wir immerhin, mühsam genug, in unserer Gesellschaft erreicht haben. Wir haben in einem langen geschichtlichen Prozeß gelernt, innerhalb unseres Staates auf der Grundlage und im Rahmen von Verfassung und Recht unsere Konflikte gewaltfrei zu regeln. Da es auch bei uns immer neu Unrecht und Gewalttaten gibt, haben wir dem Staat, und nur ihm, rechtliche Mittel und Machtmittel gegeben, damit er im Inneren die Bürger schützen kann. Du müßtest einmal in Ländern gewesen sein, wo diese Ordnung nicht besteht oder unterlaufen wird, wo der Stärkere diktiert, was Recht ist, und dabei mit seinen Privatmilizen über Leichen geht. Mir ist vor zwei Jahren im Nordosten Brasiliens klarer geworden, daß unsere Ordnung, so unvollkommen sie auch ist und oft gehandhabt wird, ein großer Wert ist: Einige tragen Waffen, damit alle anderen ohne Waffen gehen können. Das schafft Freiräume. Ich bin denen dankbar, die uns solche Freiheit ermöglichen. Und ich kann nicht verstehen, daß Du einfach von „Bullen" sprichst.

In den zwischenstaatlichen Beziehungen sind wir noch nicht so weit. Die Völkergemeinschaft ist sich heute einig, daß Krieg kein Mittel der Politik mehr sein kann; daher ist die Anwendung von Gewalt völkerrechtlich verboten. Aber es gibt leider noch keine Weltfriedensordnung und keine Weltpolizei, die vor Gewalttätigkeit schützt. Darum kann vorerst dem Staat das Recht auf sittlich erlaubte Verteidigung nicht abgesprochen werden, wenn alle Möglichkeiten einer friedlichen Regelung erschöpft sind.

Ziel muß es sein, die gewaltfreie Regelung von
Konflikten auch international durchzusetzen. Das
ist Aufgabe der Politik. Sie bedient sich dafür
heute eines sehr gefährlichen Instruments, der
nuklearen Abschreckung. Deren Risiken und Gefahren sind in der Tat so groß, daß sie so schnell
wie möglich überwunden werden muß. Für die
Zwischenzeit – so sagen der Papst und zahlreiche
Bischofskonferenzen, auch die amerikanische und
die deutsche – kann dieses Abschreckungssystem
nur ertragen werden, wenn es nachweislich der
Kriegsverhütung dient und wenn die Mittel der
Abschreckung auf das unbedingt erforderliche
Mindestmaß begrenzt werden. Diese Zwischenzeit
ist wie eine Galgenfrist (Kardinal Höffner).

„Was soll das alles?" höre ich Dich fragen: „Ich
mußte mich zwischen Wehrdienst und Kriegs-
dienstverweigerung entscheiden, und ich habe
mich entschieden: Ich kann und will mit dieser
Abschreckung nichts zu tun haben." Versteh mich
recht, ich wollte nicht vom Thema ablenken, sondern genau die Stelle markieren, wo Deine Entscheidung hingehört.

Du hast Deinen Weg gewählt, gemäß Deinem Gewissen. Du willst Jesus folgen und ein Zeugnis der
Liebe und der Gewaltlosigkeit geben. Das ist richtig. Aber Du und ich, wir kennen viele Soldaten,
die ihren Dienst tun, um ebenfalls dem Frieden zu
dienen. Auch sie haben eine verantwortete Entscheidung getroffen, und sie müssen ihrem Gewissen folgen. Und auch das ist richtig. Du kannst
ihre Entscheidung wohl kaum nachvollziehen,
aber Du solltest sie respektieren.

„Das ist zuviel verlangt", sagst Du. „Jesus war doch nicht schizophren, er kann doch nicht zugleich das eine und das andere gewollt haben." Gewiß nicht. Das Gebot der Liebe gilt absolut und universal. Das Ziel ist eindeutig: eine Welt aufzubauen, in der alle Menschen in Frieden und in menschenwürdigen Verhältnissen leben können. Das Dilemma liegt in einer Situation, einer Notlage, die nicht eindeutig ist: Der Krieg ist nicht wirksam abgeschafft; ihn zu verhindern, gibt es verschiedene Wege, zwischen denen zu wählen schwierig ist. Du willst durch Deinen Dienst anderen helfen und dadurch an jenem Netz mitknüpfen, das den „großen Frieden" hält und trägt. Aber Du mußt Dich fragen und fragen lassen: Was kann ich tun, um vor Unrecht und Gewalttat zu schützen, um Krieg wirksam zu verhindern? Der Soldat will durch seinen Dienst zu diesem Schutz und dieser Kriegsverhütung beitragen. Er muß sich fragen und fragen lassen: Was kann ich tun, um Gerechtigkeit zu fördern, für Verständigung und Versöhnung zu arbeiten? Nach wie vor gilt: „Sofern die einzelnen Dienste für den Frieden im Ziel übereinstimmen und die weltweite Sicherung und Förderung des Friedens anstreben, kann man sagen, daß sie sich auf ihren unterschiedlichen Wegen zu diesem Ziel gegenseitig bedingen und ergänzen" (Würzburger Synode).
Ich weiß, das ist keine glatte Lösung, eher eine „Not-Lösung", nicht der Weisheit letzter Schluß. Du denkst: „Wenn man konsequent ist, muß man den Kriegsdienst verweigern, alles andere ist halbherzig und wischi-waschi." Ob Du damit den anderen gerecht wirst? Laß das Gespräch mit ihnen nicht abreißen. Ich weiß, Du hast es Dir mit Deiner

Entscheidung nicht leichtgemacht. Ich wünsche Dir, daß Du Dir treu bleibst und so ein Zeichen setzt für eine Friedensordnung, „die zu ihrem Schutz keiner Androhung von Gewalt bedarf, sondern auf wechselseitiges Vertrauen und auf Gerechtigkeit gegründet ist" (Wort der Deutschen Bischofskonferenz „Gerechtigkeit schafft Frieden").

Sei herzlich gegrüßt,

Euer † Franz Kamphaus

Krieg ist zuerst die Hoffnung,
daß es einem besser gehen wird,
hierauf die Erwartung,
daß es dem anderen schlechter gehen wird,
dann die Genugtuung,
daß es dem anderen auch nicht besser geht,
und hernach die Überraschung,
daß es beiden schlechter geht.

Karl Kraus

Gebet um Frieden

Du schufst die Kontinente,
Du machtest die Menschen
verschieden in Sprache und Kultur,
Du ließest den Reis wachsen
seit Erinnerung der Menschen.
Du bist es, der in
vielen Gesichtern der Religionen
erscheint.
Aber Du, Herr, bist es auch,
der uns Menschen zum Glauben
und Zweifeln bringt.

Herr, beende das unselige
Streiten zwischen den Kontinenten
und Rassen.
Schenke allen Menschen
Deinen Glauben.
Gib Frieden für Asien und die Welt.
Gib Frieden und Harmonie
den Küsten, Steppen
und Dschungeln
meiner Heimat.

Herr,
gib der Welt Frieden und den Glauben
an die Zukunft Deines Volkes.
Amen.

Indonesien

Es gibt nur die eine Welt

Liebe Barbara

Ich sitze mit einer Friedensgruppe zusammen, die „Eine-Welt-Arbeit" macht. Mitten im Gespräch über ein Projekt in Peru sagt eine Frau, etwa in Deinem Alter: „Was hat das alles für einen Sinn? Aufs Ganze gesehen ändern wir ja doch nichts. Ich komme mir so klein und ohnmächtig vor." Atemlose Stille! Blitzartig geht mir durch den Kopf, wie verrückt die Situation ist: Da millionenfacher Hunger, Schuldenkrise, Hochrüstung, Umweltzerstörung – hier ein kleines Häuflein Unentwegter, das sich abmüht, in der Gemeinde mehr Verständnis und Einsatz für die „Eine Welt" zu mobilisieren und dabei nicht selten Verdächtigungen und Angriffen ausgesetzt ist. Ein krasses Mißverhältnis. Was können wir schon ausrichten?

Du machst die gleichen Ohnmachtserfahrungen. Und Du bist nüchtern und kritisch genug, Dich nicht mit billigen Sprüchen abspeisen zu lassen. Du schreibst: „Verschonen Sie mich bitte damit, eine fromme Soße über meinen Frust zu gießen. Schreit das ganze Elend nicht zum Himmel?" Du hast recht. Manchmal kommt mir der Gedanke: Es schreit *gegen* den Himmel. Viele sagen: Wenn ich dieses Ausmaß an Elend sehe, das Sterben verhungernder Kinder, dann kann ich nicht glauben, daß es Gott gibt. – Kann ich nicht mit größerem Recht sagen: Nur mit Gott kann ich standhalten und nicht in Verzweiflung stürzen, wenn ich an die Zukunft der Welt denke?!

Man ist versucht zu sagen: „Die Welt ist nicht mehr zu retten . . ." Christen glauben: Die Welt ist schon gerettet, durch Jesus Christus. Er hat sich das Elend nicht vom Hals gehalten, er hat sich auf die Seite der Armen und Entrechteten geschlagen und ihr Elend mitgetragen, bis zum Ende, bis zu einem guten Ende. Denn er ist darin nicht untergegangen, sondern auferstanden. Mit ihm erwarte ich „einen neuen Himmel und eine neue Erde, in denen die Gerechtigkeit wohnt" (2 Petr 3, 13).

Ist das eine fromme Soße? Für mich ist das wie Blut in den Adern, die Kraft, aus der ich lebe, die mich nicht resignieren läßt. Ich weiß, was Ohnmacht ist, ich kenne die Versuchung, sich hängen und alles laufen zu lassen. Die Kraft zur Hoffnung verdanke ich Jesus Christus. Weil ich ihn im Rücken habe, darum habe ich den Mut zu reden und zu handeln, auch wenn ich oft genug sehe, daß es wenig bewirkt und Nackenschläge einbringt. Wer Gott als seinen Vater bekennt und Jesus Christus an seiner Seite weiß, dem sitzen nicht mehr Angst und Verzweiflung im Nacken, er hat den Rücken frei. Er hat Hände und Füße, Kopf und Herz frei, sich den anderen Menschen zuzuwenden.

In der Friedensgruppe, von der ich eben erzählte, hatte einer diese Idee: Unsere heutigen Verkehrs- und Kommunikationsmittel machen es möglich, daß Güter und Informationen so schnell wie nie zuvor von den entferntesten Orten zu uns kommen und umgekehrt. Wir merken, wie sehr die Menschen und Völker miteinander verflochten sind. „Wir sitzen alle in einem Boot." Das kann man heute mit Fug und Recht auf das ganze „Raumschiff Erde" beziehen. (Darum ist es schlecht und wenig christlich, daß wir uns angewöhnt haben, die Welt in Klassen von 1 – 4 aufzuteilen: „3. Welt"). *Eine* Welt! Das heißt aber auch: Was wir sagen und tun (oder unterlassen), hat Wirkungen weit über unser Umfeld hinaus, auch wenn wir diese Wirkungen im einzelnen nicht verfolgen können. Stell Dir mal ganz konkret vor: Alles, was Du sagst und tust, im Guten wie im Bösen, sei mit einer Art Leuchtstoff versehen, der Deinen Namen trägt, und es ließe sich überallhin verfolgen. Es gibt nicht nur Strahlen, die tödlich sind. Es gibt auch Strahlen, die aus der Energie Liebe kommen und Leben schenken. Unterschätz Deine Möglichkeiten nicht . . .

Ist's mit diesen einzelnen „Ausstrahlungen" getan? In der Kirche wird immer vom Barmherzigen Samariter gesprochen. Das ist gut. Aber es bleibt eine große Frage: Was ist, wenn der Ausgeplünderte, neu zu Kräften gekommen, von Jericho nach Jerusalem zurückgeht und den Räubern wieder in die Hände fällt? Es geht nicht nur darum, Wunden zu verbinden. Es geht wesentlich auch darum, die Räuberei aufzudecken und sie zu überwinden. Persönliche Zuwendung zu den Menschen in Not und strukturelle Maßnahmen gehören zusammen. Da müssen wir noch viel lernen. Es geht nicht etwa nur um Almosen, es geht um Gerechtigkeit, um gerechte Verhältnisse. Diese Unterscheidung hat Folgen (wie Dom Helder Camara sagt): Wer freigebig an die Armen Brot austeilt, gilt als Heiliger. Wer sagt, daß der Arme ein Recht auf Brot hat, gilt als gefährlich und „links". Als ob Jesus ein „Linker" gewesen wäre!

Wir folgen ihm, wenn wir für einen universalen Lastenausgleich zwischen Arm und Reich, zwischen Ohnmacht und Macht eintreten und arbeiten, durch persönliche Hilfe und durch Politik. Gott hat jeden einzelnen dieser Milliarden Menschen bei seinem Namen gerufen. Jeder hat sein eigenes, unverwechselbares Gesicht. Es gibt keine unterschiedlichen Güteklassen von Menschen. Jeder ist gleich kostbar und teuer. Die Solidarität mit einem dieser „geringsten" Schwestern und Brüdern Jesu (Mt 25,40) ist der Preis unseres Christseins. Haltet zusammen in Eurer Gruppe. Eure Hoffnung wird andere anstecken.

In Brechts Schlußsong der Dreigroschenoper heißt es: „Denn die einen sind im Dunkeln, und die andern sind im Licht. Und man siehet die im Lichte, die im Dunkeln sieht man nicht." Das klingt realistisch-endgültig. Ist das das letzte Wort? Denk an die Idee mit den Strahlen. Du kannst etwas ausstrahlen. Setz eine neue Lichterkette in Gang, die Brechts Song letzten Endes doch Lügen straft. Du singst doch so gern: „Alle Nächte werden hell, fangen an zu glühen . . ." Setz eine neue Menschenkette in Gang, die das Netz erdumspannender Solidarität fester knüpft und auch die hält, die sonst durch alle Maschen fallen.

Sei ganz herzlich gegrüßt,

Dein † Franz Kamphaus

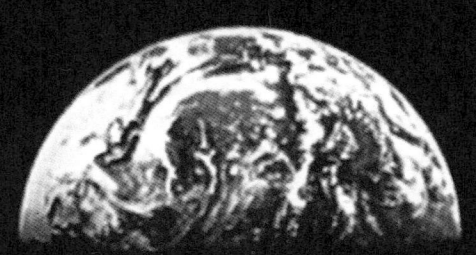

Herr,
unsere Erde ist nur ein kleines Gestirn im großen Weltall.
An uns liegt es, daraus einen Planeten zu machen,
dessen Geschöpfe nicht von Kriegen gepeinigt werden,
nicht von Hunger und Furcht gequält,
nicht zerrissen in sinnlose Trennung
nach Rasse, Hautfarbe oder Weltanschauung.
Gib uns den Mut und die Voraussicht,
schon heute mit diesem Werk zu beginnen,
damit unsere Kinder und Kindeskinder
einst mit Stolz den Namen Mensch tragen.

Gebet der Vereinten Nationen

Aus den Dörfern und Städten
sind wir unterwegs zu dir.

Aus Tälern und Bergen
sind wir unterwegs zu dir.

Mit leidenden Brüdern und Schwestern
sind wir unterwegs zu dir.

Mit lachenden Kindern
sind wir unterwegs zu dir.

Als Bauleute des Friedens
sind wir unterwegs zu dir.

Als Boten der Gerechtigkeit
sind wir unterwegs zu dir.

Als Zeugen deiner Liebe
sind wir unterwegs zu dir.

Als Glieder deiner Kirche
sind wir unterwegs zu dir.

Wenn wir das Brot teilen,
sind wir unterwegs zu dir.

Wenn wir die Schwachen stützen,
sind wir unterwegs zu dir.

Wenn wir für die Verfolger beten,
sind wir unterwegs zu dir.

Wenn wir Gottesdienst feiern,
bist du bei deinem Volk.

Mensch, tanze

Liebe Barbara

Mensch, tanze, sonst wissen die Engel im Himmel nichts mit Dir anzufangen!" – Diesen Satz traut man dem großen Kirchenlehrer Augustinus gar nicht zu. Der Glaube ist eine schwere Sache, meinen wir, und in der Kirche hat man allemal still und ernst zu sein. Bei den Predigten geht es zumeist um große Probleme. Denn wer seine Augen und Ohren nicht verschließt, weiß, daß es oft nicht viel zu lachen gibt in unserer Welt. Aber gerade deshalb nehme ich diesen Satz und sage ihn Dir weiter: „Mensch, tanze, sonst wissen die Engel im Himmel nichts mit Dir anzufangen!" – Da bewundere ich euch Jugendliche: Ihr nehmt nicht alles so „tierisch" ernst. Ihr macht auch mal etwas Verrücktes, was gar nicht in den Rahmen paßt. Ihr probiert Alternativen. Ihr steigt aus – aus dem, was „man" so tut.

In den bewegten siebziger Jahren flog eine Zeichnung durch die Welt: Jesus als Hippie, lachend aus Leibeslust. Das sprengte den üblichen Rahmen von Jesusbildern. Viele junge Leute fragten sich damals: War Jesus denn nur heilig und ernst, würdig und erhaben? Konnte er nicht lachen? Und zeigt sich nicht gerade in der Auseinandersetzung mit den Pharisäern, daß er mit seinem Evangelium manches auf den Kopf gestellt hat?

Tanz, das ist Bewegung und Leichtigkeit, Ausdruck von Leib und Seele zugleich. Wenn wir doch manchmal die Dinge, die wir uns in den *Kopf* gesetzt haben, loslassen könnten und mehr unserem Herzen überließen!
Menschen in Afrika, Asien und Südamerika machen uns da etwas vor. Sie sind oft an den Rand des Lebens gedrängt, müssen ums Überleben kämpfen; und dann zeigen sie uns, was Erlösung heißt. Sie feiern nicht nur mit dem Kopf ein Fest der Erlösung, sie sind dabei mit Leib und Seele. Ihre Gottesdienste sind tatsächlich Feste mit Musik und Tanz.

Der Beton unserer Ängste und Sorgen (die gibt es, und die dürfen wir nicht vergessen) muß gesprengt werden, wie das Grab des Todes durch Jesu Auferweckung. Nicht nur die Engel im Himmel wissen sonst nichts mit uns anzufangen, sondern auch wir miteinander nicht. Warum Engel fliegen können, fragt Chesterton, und er antwortet: Weil sie sich leicht nehmen, nicht so wichtig. Sie wissen sich getragen (von Gott). Wer tanzt, wird locker und leicht.
Das ist heute gar nicht so einfach. Unsere Freizeit ist längst vermarktet. Wir werden mit Vergnügungsartikeln überschüttet, können sie am laufenden Band konsumieren. Die Unterhaltungsindustrie tötet Kreativität; wir amüsieren uns schließ-

lich zu Tode . . . Statt daß wir tanzen, werden wir verschaukelt.

„Mensch, tanze . . ." David tanzte vor der Bundeslade; Jesus feierte auf Hochzeiten. „Fresser und Säufer" nannte man ihn daraufhin. Und die Angehörigen meinten: „Er ist verrückt" (Mk 3,21). Das ist das Los aller, die vorausschauend die Welt verändern wollen und verändern. Die Synode in Würzburg hat das so gesagt: „Jesus war weder ein Narr noch ein Rebell; aber offensichtlich beiden zum Verwechseln ähnlich. Schließlich wurde er von Herodes als Narr verspottet, von seinen Landsleuten als Rebell ans Kreuz ausgeliefert. Wer ihm nachfolgt . . ., muß damit rechnen, dieser Verwechslung zum Opfer zu fallen und zwischen alle Fronten zu geraten immer neu, immer mehr."

Haben wir noch etwas zu lachen? Viele sagen: „Schau doch zu, wie der Karren läuft. Da kann Dir das Lachen schon vergehen . . . Und erst recht: Wer in der Kirche ist, der hat heute nichts zu lachen . . ." Manches mag dafür sprechen. Eins spricht allemal dagegen: Jesus Christus, der Auferstandene. Er gibt uns allen Grund zum Lachen. Liebe Barbara, erinnere mich daran, wenn ich das vergessen sollte.

Sei herzlich gegrüßt,

Dein † Franz Kamphaus

Tanzen ist,
den Tönen
mit der Bewegung
des Körpers folgen.
Unser Tanz
ist die Änderung
des Lebens.

Augustinus

Befreie uns, Herr!
Befreie, befreie uns, Herr!
Befreie, Herr, deinen Geist in uns!

Dein Weg führe uns,
dein Brot nähre uns,
deine Macht schütze uns,
dein Wille sei unser Wille!

Befreie uns, Herr!
Befreie, befreie uns, Herr!
Befreie, Herr, deinen Geist in uns!

Deine Wahrheit erleuchte uns,
dein Wort heilige uns,
dein Wasser stille unseren Durst,
dein Licht sei unser Licht!

Befreie uns, Herr!
Befreie, befreie uns, Herr!
Befreie, Herr, deinen Geist in uns!

Dein Leben laß uns wiedergeboren werden,
dein Kreuz erlöse uns,
deine Gnade kleide uns neu ein,
dein Friede sei unser Friede!

Befreie uns, Herr!
Befreie, befreie uns, Herr!
Befreie, Herr, deinen Geist in uns!

Dein Kampf ermutige uns,
deine Kraft stütze uns,
deine Kirche berge uns,
deine Mutter sei unsere Mutter!

Befreie uns, Herr!
Befreie, befreie uns, Herr!
Befreie, Herr, deinen Geist in uns!

Lied aus den brasilianischen Basisgemeinden